Martin Klawitter

Mein Leben mit Parkinson

Wider die Fesselung des Ich

Martin Klawitter

Mein Leben mit Parkinson

Wider die Fesselung des Ich

Urachhaus

ISBN 978-3-8251-5287-1

Erschienen im Verlag Urachhaus
www.urachhaus.com

Umschlag: Klaus Pfeiffer unter Verwendung eines Fotos von Martin Klawitter
Gestaltung und Satz: Katja Schüch, Kirchheim / Teck
Bild Vorsatz: Gabriele Klawitter, »LichtRaum«, Mischtechnik, 2022
Gesamtherstellung: GGP Media GmbH, Pößneck

MIX
Papier | Fördert gute Waldnutzung
FSC® C014496
www.fsc.org

Klimaneutral
Druckprodukt
ClimatePartner.com/53248-2106-1005

Inhalt

»Ich habe viele Jahre damit verbracht, zu lernen, wie man das Leben repariert, nur um schließlich entdecken zu müssen, dass das Leben gar nicht kaputtgegangen ist. In jedermann und in allen Dingen ist der verborgene Same einer größeren Ganzheit vorhanden. Wir dienen dem Leben am besten, wenn wir diesen Samen gießen und uns mit ihm anfreunden, wenn wir hinhören, bevor wir handeln.«

Rahel Naomi Remen, Ärztin[1]

---

1 Remen, Rahel Naomi, *Aus Liebe zum Leben*. Krugzell [5]2013, S. 251.

Für Gabriele

Vorwort

Bedarf es wirklich noch eines Buches über Parkinson? An Erfahrungsberichten betroffener Patienten mangelt es ja nicht. So hat etwa der Theologe Jürgen Mette ein lesenswertes Buch unter dem originellen Titel *Alles außer Mikado* veröffentlicht. Einblicke in das Patientenschicksal geben auch der Briefwechsel *An meinen Parki* von Maria-Luise Winkler Vonmetz oder die Erzählungen des ehemaligen SWR-Moderators Matthias Holtmann, die er unter dem Titel *Porsche, Pop und Parkinson* veröffentlicht hat und darüber hinaus mit vielen Lesungen zum Thema seiner Krankheit aus eigener Erfahrung informiert.

Parkinson hat auch mein Leben verändert. Im ersten Schritt habe ich mein Deputat als Lehrer reduziert, doch sehr bald schon musste ich mich im vollen Umfang aus der Schule und meiner beruflichen Tätigkeit als Oberstufenlehrer zurückziehen. Das war ein schmerzhafter Schritt, und ich vermisse die Arbeit mit den Jugendlichen heute noch, ebenso wie das wertvolle Kollegium. Aber ich kann es nicht mehr leisten.

Parkinson heißt: Alle Tätigkeiten brauchen mehr Zeit, da die Bewegungsabläufe beeinträchtigt sind. Der freie Gang des sonst so bewegungsfreudigen Sanguinikers ist zeitweise in eine Kleinschrittigkeit gepresst – oder in den bewegungsunfähigen Zustand des »Einfrierens« geworfen. Dann stehe ich erstarrt und verwurzelt auf der Stelle, ohne die Möglichkeit fortzukommen. Nur Geduld und Ruhe helfen mir dann, um die langsame Auflösung der Situation nicht zu behindern. Das kann auch nachts passieren, wenn ich mich in ein anderes Zimmer bewegen möchte, weil ich im Bett nicht mehr liegen kann. Dann stehe ich plötzlich wie verwurzelt im dunklen Gang und komme weder vor noch zurück. Langsam überkommt mich wieder der Schlaf, ich wanke, merke, dass ich zu fallen drohe, werde schlagartig wieder wach – aber noch immer, ohne mich fortbewegen zu können. Das Pendel schlägt erneut in die andere Richtung aus, mich verlässt die Kraft, bei Bewusstsein zu bleiben – und damit in der Aufrechten, ich drohe zu kippen …

All das sind Momente der kleinen Einweihung, wenn ich den Körper nicht wie gewohnt als Instrument zur Verfügung habe. Da werde ich sprachlos. Vor Schreck, oder die Angst schleicht sich an und will groß werden. Sprachlos vor Verlust und Trauer. Ich habe viel an Selbstverständlichkeit verloren, auch im Umgang mit meiner Familie. Das Leben will hier von uns die Wandlung sehen. Und diese Verwandlung muss und möchte ich auch gestalten.

Dazu stellen sich auch für mich wie für die meisten Parkinsonpatienten Veränderungen im Seelischen ein. Stressanfälligkeit, Überforderung, Sicherheitsbedürfnis oder das Umgehen mit der Angst, die ein treuer Begleiter geworden ist und mich stets als heldenhaften Prinzen sehen möchte. So droht sich der Lebenskreis zu verengen, wenn man nicht bewusst dagegen angeht und sich auf verschiedenen Ebenen weitet, öffnet und verlebendigt. Lasse ich diese Weitung, Öffnung, Verlebendigung aber zu, können sich unerwartete Entwicklungen ergeben:

> Parkinson gibt die Möglichkeit einer Fragestellung
> an die innere Vertiefung. Existenziell.

Ich kann im Außen nur bestehen, wenn ich bewusst ein Innen gestaltet habe. Darauf möchte ich die Aufmerksamkeit mit dieser kleinen Schrift richten. Hier beginnt meine Suche. Ich ahne einen inneren Reichtum, den ich erwecken möchte. Gibt es da einen Weg?

Für diesen Schritt auf das Innen zu möchte ich Mut machen und Parkinson als individuelle Chance verstanden wissen. So hat meine eigene Schwäche zum Beispiel den Blick für den Mitmenschen verändert. In gewisser Weise bin ich heute auch meinen Schülern näher denn je. Hier liegen die Möglichkeiten für einen neuen Weg. Um Spuren meiner Suche im Grenzgebiet oder schon im Neuland wahrzunehmen, möchte ich Sie als Lesende herzlich einladen, Ihnen Einblicke gewähren. Es ist in diesen Lebenssituationen immer ein individuelles Gehen, aber auf die zu entwickelnde Kraft und die neuen Fähigkeiten kommt es an. All dies sind Spuren auf dem Weg ins Offene.

Möge die kleine Schrift Sie anregen, Fragen an das eigene Leben zu stellen, aus denen Handlungsimpulse erwachsen.

Martin Klawitter
Juli 2022

Die Mutter als Vorbild im Umgang mit Parkinson. Erste Fragen

»Wie, bitte, geht Überleben?«
»Instinktiv, aus der gegebenen Situation heraus. In der Not entsteht Lebenskraft, innere Ruhe, Distanz zur zivilisierten Welt.«
»Überlebenskunst hat also nichts mit Weisheit zu tun?«
»Viel mehr mit Übersicht und Selbstvergessenheit zu tun. (…) Es lohnt sich, sein Leben in Frage gestellt zu sehen: ein Zustand, den wir im Rückblick als Wiedergeburt erleben.«

Der Polarforscher Frank Wild in dem gleichnamigen Roman von Reinhold Messner.[2]

Nach einer langen Autofahrt erreichen wir hinter Hamburg Richtung Norden fahrend eine Landschaft ohne Hügel. Weite Flächen umgeben uns, begrenzt vom Horizont, immer wieder Kühe in Schwarzweiß auf den grünen Wiesen. Und dann kommt endlich der Deich mit den Schafen – und damit unsere Gewissheit: Dahinter ist nur noch das Meer. Die Fähre bringt uns schnell auf die Insel Amrum – und spätestens hier quillt das Kinderherz über. Denn in den Amrumer Sommertagen lebt etwas Besonderes. Unvergessen die Weite des Kniepstrandes – wüstenähnlich – kilometerweite Offenheit von Sand, Meer und ein blauer Himmel über uns. Möwengeschrei. Das will und werde ich später mit den eigenen Kindern auch erleben. Unvergessen aber

2 Messner, Reinhold, *Wild oder Der letzte Trip auf Erden.* Frankfurt a.M., 2017, S.60.

auch Mutters eigenartiger Gang auf dem Sand. Unbeweglich in den Knien läuft sie wie ein Storch im Fischsalat neben mir.

Heute – Jahrzehnte später – habe ich die Gewissheit: Das war ein erster verdeckter Hinweis auf die später diagnostizierte Krankheit: Morbus Parkinson. Als die Krankheit bei meiner Mutter Elisabeth ausbricht, ist sie nach dem Tod des Vaters alleinstehend und bereits im 66. Lebensjahr. Nach den goldenen Jahren, in denen die Medikamente ihre ganze Wirkung entfalten konnten, schreitet Mutters Krankheit in ihrer Symptomatik rasch fort. Ihr Lebensradius wird enger, ihr Körper in die der Krankheit eigenen Haltung gezwungen, begleitet von einem erheblichen Tremor. Alltägliche Verrichtungen werden mühsam und brauchen mehr Zeit, das Leben fordert ihre ganze Kraft.

Mutter lebt auch in und mit ihrer Literatur, vor allem in den Märchen, die sie auswendig vorträgt bei Gelegenheiten im Kindergarten oder des Altersheims, in dem sie lebt. Natürlich führt sie einen Literatur- und einen Sternenkreis, arbeitet bei der Heimführung als Vertreterin der Mitbewohner mit und begleitet Menschen auf ihrem Weg des Sterbens. Schwellenarbeit. Und bei alldem gibt sie ihrem Tun eine erlebbare Würde, die ihren Ursprung in der ihr eigenen, inneren Haltung hat: »Ich lasse mich nicht gehen!«

Sie sieht auch äußerlich nicht vernachlässigt aus, sondern auffallend gepflegt. Als wolle sie gegen den körperlichen Zerfall, gegen die Versteinerung ein Zeichen setzen. Diese innere Kraft hat mich stets sehr beeindruckt. Ja, Mutter war mir gerade in ihrer Not, die sie zu gestalten wusste, ein einprägsames Vorbild! Vieles habe ich mir von ihr abschauen können.

Selbst im Todesmoment wird ihre Kraft noch spürbar. Ihr Wunsch, noch einmal vom Krankenhaus in das Zimmer im Altenwohnheim gehen zu dürfen, wird ihr gewährt. Mutter wartet offensichtlich, bis ich von meiner Klassenfahrt zurückkomme, und mit Stefan, meinem älteren Bruder, den schrittweisen Prozess in den Tod begleiten kann. Mutter zeigt uns das Sterben und den Tod. Am Nachmittag, bevor der Sterbeprozess einsetzt, noch einmal ans Feld fahren und das späte Sonnenlicht sehen, so ihr Wunsch. An der Hecke reifen schon die Brombeeren, Mutters Mund öffnet sich willig, um die tiefblaue Frucht ein letztes Mal zu genießen. Irdische Kost.

Aus einer Begegnung mit Mutter in ihrem letzten Lebensabschnitt:

Noch einmal
den weißen Schmetterling im warmen Sonnenlicht
aufsteigen sehen

Noch einmal
der Zartling vom vorgewölbten Duft der pochenden
Herzblume
gefangen

Denn nur er hat den Fühler der
die Blumenworte ertastet
den Text aufschließt
in seinen Sinn tritt

Lass uns nur noch einmal die Zeilen lesen –

Aber dein Kopf nickt dem Tod zu
Sekundenschlaf jäher Riss
eingefallen um nach hinten zu hören
Wer sucht dich auf?
Wer bereitet dich vor?

Lies Mutter
sprich die Märchen
denn jetzt geht es um alles –
(2009)

Später sitzen wir am Sterbebett, wir Brüder sprechen Gedichte, die ihr nah waren, Rilke, Domin und Celan, lesen Märchen oder aus der Bibel vor, umspülen sie mit dem ihr Wesentlichen, das sie bis zuletzt lebendig bewegen konnte. Der Tod setzt eine Stunde vor Mitternacht ein, und hinter ihr liegt ein beschwerlicher Weg, ein Kreuzweg, den sie – von Lasten beschwert – Schritt für Schritt zu gehen hatte. Ein Angehen gegen das Wasser in der Lunge, bis nach Stunden der Todesarbeit im Sterbeschacht sich der Atem verlangsamt, die Pausen größer werden und dann nur der letzte Atemzug mit der eintretenden Stille hörbar wird und lange nachklingt. Nie war die Welt so still wie im Moment des letzten Atemzuges. Stefan und ich halten lange inne, und wenn auch noch dieselben Kerzen brennen wie vor einer Stunde, ist die Welt ohne Mutter, ohne ihre tapfere Haltung und ihre Willenskraft, eine andere.

Spontan ordnen sich in mir folgende Worte:

Tod der Mutter

Das Hinzittern in die Gewissheit seiner Endgültigkeit
Du meinst zu wissen
Und doch fliegt dein Atem
Vogelgleich
Im Käfig der Gefangenschaft
Es gibt kein Entrinnen
Die letzten Körner der Sanduhr
Fallen
Lautlos, endgültig, jetzt
Zahnlos
Schnappt der Kiefer nach Luft
Im Schweiß der
Über die Knochen gespannten Haut
Noch einmal das
Kreuz tragen
Rasender Schritt der Angst
In die Schwärze der Gruft
Noch einmal alles, jetzt
Im Stein
Doch die Unausweichbarkeit der Stunde
Zwingt dich, Mutter, ins
Pianissimo
Nie war die Welt tiefer still

– – –

Welchen Ton sieht dein gebrochenes Auge?
Der Brunnen ist umgestülpt, ins
Weite gerissen
Jähes Licht –

Das Instrument schweigt
Der Vogel fliegt
Jubelnacht!
(2014)

Der Körper, der ihr in den letzten Jahren zum Gefängnis geworden ist, gibt Ruhe. Elisabeth, die Geformte, die Rituale liebte und sich darin in Sicherheit wiegte, ist einen langen, beschwerlichen Weg mit der Parkinsonkrankheit gegangen.

Für zwei Prozent der hier gemeinten Patienten wird die Krankheit von den Eltern auf ein eigenes Kind vererbt. Ob ich dazugehöre, ist unerheblich, ich habe das innere Feuer der Wandlung, das der strenge Meister der Krankheit einfordert, weiterzutragen, kann aber auf ein Vorbild zurückgreifen, eine nie aufgebende Mutter, der auch das Jammern fern war und die mit ihrem Weltinteresse immer lebendig blieb. So hat sie am Ende im Hinblick auf ihr Dasein und ihre Vorbildfunktion vieles reich ausgeschüttet, was sie in den Monaten, die ich als Kleinkind allein in Holland verbringen musste, mir nicht geben konnte. Durch einen mehrmonatigen Aufenthalt im niederländischen Egmond aan Zee sollte ich in den frühesten Jahren meines Lebens von bedrohlicher Krankheit genesen. Mein Gesundheitszustand war damals kritisch, doch jetzt konnte ich in einem salzhaltigen Klima, das ich fortwährend inhalierte, wesentliche Schritte ins Leben hineintun. Diese langanhaltende Trennung von den Eltern war für mich in der Folge traumatisch, angstauslösend, und Parkinson weiß auf dieser Klaviatur der Symptome meisterhaft zu spielen.

Dass meine Mutter bis ins hohe Alter durch ihre innere Stärke, die sich im Ringen mit der Krankheit entfaltete, ein Vorbild sein konnte, war für mich beglückend. Denn wir brauchen diese

Vorbilder, das sichtbar gewordene Ringen anderer betroffener Menschen, um die eigene Situation zu bewältigen. Davon hatte ich bereits viel gesehen, als die Krankheit bei mir diagnostiziert wurde und ich in den Raum der Beschwernisse und Aufgaben eintrat. So war ich vorbereitet.

Und doch ist es etwas völlig Neues, eine nicht gekannte Erlebnisdimension, wenn die Situation der Krankheit und die Schmerzen für mich selbst als Betroffener Wirklichkeit werden. War ich wirklich vorbereitet? Ja, gewisse Situationen habe ich wiedererkannt, glaubte sie bei Mutter schon gesehen zu haben, waren mir nicht gänzlich fremd. Und doch bleibt immer noch Raum, überwältigt zu werden, manche Situationen waren so stark emotional geladen, dass sie mich ergriffen, gefesselt und in eine ängstliche Ruhelosigkeit gestoßen haben. Vor allem der elektrische Gewitterlärm und Schmerz in den Beinen.

Welche Botschaft hat der Schmerz für mich? Kann ich ihm etwas ablauschen? In diesen Momenten ist Parkinson der starke, strenge Lehrmeister. Ich bin aufgefordert, die Situation zu bestehen und zu gestalten. Ich bin in meinem Willen gefordert. Willentlich muss ich durchstoßen, mein Bewusstsein in die Welt führen und nicht im Schmerz steckenbleiben. Es gilt auf den Schmerz zu hören und den Ansatz für eine Gestaltung anzunehmen.[3]

Man macht sich als Parkinsonpatient auf den Weg, der immer wieder plötzliche Umschwünge bereithält, von der guten Befindlichkeit in den Schmerzraum. Überfordert! Dann bedarf es der inneren Bewegung und der Gestaltung, sodass man sich auch ohne fertiges Patentrezept darauf einlassen kann, sich den Aufgaben zu stellen. Aber in der Wunde beginnt die Gestaltung der Si-

3 Markus Treichler hat zu diesem Thema ein wesentliches Buch veröffentlicht: *Die Botschaft des Schmerzes*, Frankfurt a.M. 2017.

tuation. Sie deutet eine Richtung an: Nach innen führt der Weg. Hier ist Sammlung, Rückbezug möglich. Doch der Herzraum will erst erobert werden. Wie komme ich nach innen, wie komme ich ins Innenerlebnis, in meinen Herzraum? Er umfasst den Ort der inneren Stille, er wird der Raum, in dem die Begegnung mit mir selbst und der Welt stattfinden kann.

Hier spricht aber auch das Gewissen – eine urteilende Instanz, die über dem Verflochten-Sein der Taten mit dem Willen und der Selbstbezogenheit der eigenen Bedürfnisse und Triebe steht. Dieser Herz-Raum trägt dann zu Recht den Namen unseres zentralen Organes.

Ich denke, eine grundlegend bedeutende Voraussetzung für den Impuls, sich überhaupt auf die Suche begeben zu können, ist der eigene Wille: Ich muss diesen Innenraum bilden wollen. Es ist meine Entscheidung, ein Akt der Selbstbestimmung. Nur an dieses Wollen kann sich im weiteren Schritt ein regelmäßiges Üben und Tun anbinden.

Und diese Regelmäßigkeit ist not-wendig. Ein- bis zweimal am Tag ziehe ich mich in mein Zimmer zurück und gebe mich dem Üben hin. Vielleicht steht ein ausgewähltes Bild als Kunstpostkarte neben mir auf dem Tisch, um mir zu helfen, den so äußerlich gestalteten Raum auch innen zu schaffen.

Mit geschlossenen Augen suche ich den Ankerpunkt in mir auf, um Ruhe und Konzentration herzustellen. Kein leichter Vorgang, erfahre ich doch häufig erst jetzt das Maß an Unruhe in mir. Gehörtes, Gesehenes oder eigene Gedanken – gekoppelt an Empfindungen – werden laut und drängen sich in den Vordergrund. Hier gilt es, Stillstand zu schaffen und die Assoziation an ihren Platz zu stellen, um den Ruheraum zu bilden. Denn er ist das Fundament.

Sie können selbst die Probe machen, ob Sie Herr in Ihrem Hause sind. Gelingt es Ihnen, Ihr Bewusstsein so zu fokussieren?

Wenn es mir gelungen ist, diesen Innenraum in mir entstehen zu lassen, besteht der nächste Schritt darin, einen Inhalt in diese innere Aufmerksamkeit zu stellen – einen Gegenstand (etwa ein Samenkorn), Lebewesen (von der Raupe zum Schmetterling) oder einen Begriff (Wahrheit, Treue, Mut). Auch der Beginn eines Gedichts kann sich dafür eignen.

Wenn Sie beispielsweise den Begriff »Mut« als Inhalt wählen, können Sie diesen Begriff gedanklich bewegen, aber jetzt sind Sie es, der »Mut« denkt. Führen Sie das Wort in verschiedene Zusammenhänge, die Sie als Mut-behaftet erlebt haben, und verdichten Sie so die Qualität des Mutes. Welche Farbe verbinden Sie mit Mut? Folgende weitere Fragen mögen so allmählich zum Schatz der möglichen Zugänge werden:

- Welche Bewegung steigt in meinem Innern auf?
- Wo berührt mich das Wort in meinem Körper?
- Welche Stimmung stellt sich ein?
- Welches Wort oder welche Gedanken ergeben sich für mich aus dem bisher Erarbeiteten?

Als mögliche Technik sei Ihnen ans Herz gelegt: Formulieren Sie die Fragen in der gegebenen Reihenfolge, und zwar dergestalt, dass sie das innere Bild für jede Frage neu aufbauen, befragen dürfen. Für viele Menschen ist es hilfreich, sich das Ergebnis auf einem Blatt zu notieren, damit es nicht wegrutscht.

Das regelmäßige Üben in diesem Sinne lässt die innere Kraft, dies zu tun, wachsen. Es wird den Übenden zunehmend leichter fallen, in sich eine Ruhe herzustellen und an dem Begriff oder vorgestellten Gegenstand zu arbeiten.

Ich habe die Erfahrung gemacht, dass mir durch das regelmäßige Üben und Tun immer wieder aufs Neue Möglichkeiten und Kräfte zukommen.

Kraft haben auch die Menschen um mich herum gebraucht und aus sich selbst heraus entfaltet, um das Alltägliche zu meistern. Sie selbst und ihre Taten leuchten als Vorbilder wie Sterne am dunklen Firmament. Da ist die einbeinige Frau im Rollstuhl in den Räumen eines großen Möbelhauses, die sich scheinbar mühelos aus eigener Kraft im Rollstuhl fortbewegt und dazu noch einen großen, gefüllten Einkaufswagen vor sich herschiebt – und all das mit einem Bein als Steuer- und Kraftzentrum. Dieses Kunststück wagt sie und strahlt dabei eine zufriedene Leichtigkeit aus. Ich schaue nochmals hin. Es grenzt an Akrobatik.

Das Bild dieser Frau ist tief in mir verankert und gibt mir Kraft. Ein weiteres solches Bild besteht in mir in Form einer ehemaligen Schülerin. Katharina ist gehbehindert und von jeher mit ihrer Krankheit konfrontiert: körperliche Schmerzen, Operationen und die seelische Not des Verzichts auf Normalität, wie sie die Geschwister oder Klassenkameraden leben. Beharrlich klopft sie an meine Tür, will mich sprechen und sehen. Zuletzt in der 9. Klasse von mir unterrichtet, finde ich jetzt, Mitte der 11. Klasse, eine seelisch gereifte, souverän auftretende 17-Jährige, die ihrem Alter deutlich enteilt ist, geprägt von der Unerbittlichkeit ihrer Krankheit, mutig mit mir ins Gespräch kommt und über ihr Leid und über Wege der Handhabung des Alltäglichen zu Hause spricht. Ich werde das Gefühl nicht los, dass sie im Umgang mit Krankheit aus dem Ich heraus gleiche Erfahrungen wie ich selbst gemacht hat und mir schon in gewisser Weise voraus ist.

Immer wieder sind oder kommen Menschen in meinen Gesichtskreis, die mir unser aller Verbundenheit mit dem Du in der Menschengemeinschaft zeigen möchten. Es gibt eine unter- (oder sollte ich besser sagen: eine über-) bewusste Verbundenheit der Menschen, die sinnstiftend ist.

Ich habe die Erfahrung gemacht, wie hilfreich es ist, bei der abendlichen Tagesrückschau einmal die Fragen stellen:

- Wem bin ich wann begegnet?
- Was war der Kern der Begegnung?

Das sind Fragen, die nach innen führen, weil sie nicht zuletzt auch eine Erkenntnismöglichkeit für die kommenden Tage eröffnen. Wir haben es hier mit einer Form der bewussten Tagesgestaltung zu tun: Durch eine Frage, die nach innen führt, gelangen wir schrittweise zum Wesentlichen hin.

Wie kann ich mir dieses Verbunden-Sein ahnend bewusst machen? Gegen Ende eines Tages blicke ich auf den gewesenen Tag zurück. Dieser Rückblick schafft Bewusstsein, denn ich erlebe das Tagesgeschehen nicht nur zum Zeitpunkt des Geschehens, sondern ich führe es mir aus der Erinnerung noch einmal vor Augen und kann so bewusst erleben: Was war heute für mich wesentlich, worüber habe ich mich gefreut? Ich kann ebenso den Tag rückwärts durchgehen, von den letzten Ereignissen vor dem Schlafengehen bis zu den ersten nach dem Aufstehen. Auch hier gilt: Übung fördert das Können, und was vielen Menschen wie selbstverständlich auf Anhieb gelingt, kann für andere mit langer Übung verbunden sein. Entscheidend ist bei dieser Übung, dass ich es tue und in Treue der Sache gegenüber daran festhalte.

Was hat all das mit Parkinson zu tun, mögen Sie sich fragen. Aus diesen kurzen Ausführungen wird vielleicht schon nachvollziehbar, wie hilfreich die innere Schulung gegenüber den Angstgesten des Parkinsons oder gegenüber dem schnell auftretenden Gefühl der Überforderung sein kann.

»Boah, riecht dat!«

Es gab schon in der Kindheit diese Momente, die einem ganz und gar allein gehörten – auch wenn sie nicht immer das hervorbrachten, was von den Erwachsenen oder der Vernunft erwartet wurde. Dazu gehörte bei mir der Schulweg. Ich musste, um die Schule in Bochum zu erreichen, von Essen aus mit dem Zug, Bus und der Straßenbahn fahren. Es blieb mir also genügend Zeit, um an dem einen oder anderen Kiosk Mäusespeck und Lakritzschnecken zu naschen. Natürlich geschah dies hinter dem Rücken der Eltern, der in diesen Momenten allgegenwärtig war, und dennoch näherte ich mich beschwingt mit leichten Schritten und der Süße im Mund dem Elternhaus. Vater Zahnarzt, Mutter buk das Demeter-Roggenbrot selbst. Also durften sie beide nichts merken. Später wurde es die große Portion Pommes mit Majo (Bochumer Bude) oder auch mal beim Billard ein Glas Krefelder (Bier mit Cola), das auch am Essener Bahnhof mundete – aber den klaren Blick bei den Hausaufgaben eintrübte. Dazu die verschiedenen Gerüche: der Pommesduft, der sich auf uns, nachdem wir uns in der Freistunde auf verbotenem Gebiet aufgehalten hatten, ablagerte. Hier zu verweilen, war ein Muss, nicht nur, weil es verboten war, sondern auch wegen des Flippers. Und damit meine ich nicht den Delfin der gleichnamigen Serie in den 70ern, sondern den Spielautomaten. Wenn wir im Anschluss dann Musik hatten bei Leo, kam es zum *Clash of Civilizations*: Pommesduft traf auf Weledawolke. Ungläubige Blicke des Musiklehrers, aber was sollte er auch tun – der ganze Kern der Jungensgruppe verströmte diesen Dufft, wie er beim Begrüßen eines jeden Einzelnen feststellen musste. Die dann noch folgende nur kollektive Ermahnung steckten wir locker weg.

Das Riechen führt mich zu einem weiteren Augenblick, der uns gehörte. Tommy und mir. Der hohe Anspruch, den Inge, unsere Klassenlehrerin, nicht nur in der Klasse auf der Inhaltsebene und im Hinblick auf die Beziehungen zu den einzelnen Schülern lebte, sondern auch an sich selbst stellte, führte sie immer wieder zu ganz individuellen Lösungen. So suchte und fand sie für einen Schüler, der immer spuckte, einen pädagogischen Griff, der notwendige Grenzen erlebbar werden ließ, und zeigte sich den Herausforderungen durch eine besonders unruhige Mitschülerin ebenso gewachsen. Ich durfte mich, wann immer ich wollte, auf die Lehne meines Stuhles setzen, um so einen besseren Überblick im Klassenzimmer zu gewinnen. Ja, sie war so eng mit uns verbunden, dass sie später auch mit über siebzig Jahre noch die weiten Wege vom Chiemsee nach Bochum zum Klassentreffen auf sich nahm.

Ich stelle mir zum Beispiel vor, wie einzelne Kollegen nicht wenig erstaunt waren, als sie bemerkten, dass ihr Schulschlüssel nicht griff, weil Inge ein Extraschloss einbauen ließ. Konferenzbeschluss dazu? Dann die klasseneigene Orgel, die bei uns im Laufe der 7. Klasse aufgestellt wurde und die wir alle spielen durften, was aber keiner so meisterlich vermochte wie Hartwig und Tommy. Später bekam Leo die Orgel in seinen Musikraum, denn Inge arbeitete nur mit einer Klasse und verließ dann die Schule, um später Erwachsenenbildung anzubieten. Das Überlassen der Orgel beschleunigte einen Prozess, der notgedrungen in die Hochzeit beider mündete, trotz unserer Warnungen, die wir meinten zu Recht anzudeuten. Heute, bei Lichte betrachtet, war das doch meist nur Eifersucht unsererseits, liebten wir doch diese junge Lehrerin.

Sie war stets auf der Höhe auch der Unterrichtsinhalte. So lag irgendwann im Herbst der 8. Klasse – unser pubertierender

Ablösungsprozess von der Klassenlehrerin blühte zu diesem Zeitpunkt in prächtigen Farben – ein Text, mit dem Titel *Ideen zur Philosophie der Geschichte der Menschheit* auf unseren Tischen. Der Impuls, dieses Buch in der Schule zu lesen, findet sich bei Rudolf Steiner. Ein etwas sperriger Titel, der schon allein diese Bewunderung auf das Gesicht der Erwachsenen zauberte, wenn sie zur Kenntnis nahmen, was man in der Schule mit 14 – 15 Jahren schon lesen sollte. Das wurde in der 13. Klasse bei mir im Umkreis nur durch einen Habermas-Text überboten, den zunächst niemand verstand.

Jetzt aber zu Herders »Ideen«. Da hieß es, die Gestalt des Menschen sei aufrecht und damit einzigartig auf der Erde. Alles sei darauf eingerichtet, und die Aufrechte ermögliche, dass der Mensch ein Mensch werde.

»Der Mensch ist der erste Freigelassene der Schöpfung.«

Tommy und ich durften für die Klasse einzelne Teile des umfangreichen Auszuges vervielfältigen. Nicht kopieren, sondern mit der Matrize vervielfältigen. Und das war der entscheidende Unterschied. Kopierer, man möge mir verzeihen, stinken. Matrizen dagegen haben einen betörenden Geruch, bestehend aus schwerem Alkohol und anderen fein abgestimmten Chemikalien. Genaueres wollte man in der Arbeiterstadt nicht wissen, Hauptsache, es roch gut. Die Matrize war aber nicht nur betörend, sondern neigte sich schon der Kategorie »betäubend« zu. Und das für etwa 20 – 30 Minuten. In der Klasse schnüffelten viele nach dem Austeilen an dem Papier, der Inhalt der Botschaft blieb zweitrangig. Schüler sind Sinneswesen.

Was hat all das mit Parkinson zu tun, mag man sich fragen. Parkinson ließ mich allmählich meinen Geruchsinn einbüßen. Ein echter Verlust, nicht nur deshalb, weil so eine wesentliche Kontrollmöglichkeit ausfiel, sondern auch etwa ein schöner

Rosenduft im Garten konnte nur erinnert werden, nicht immer wieder aufs Neue aufgefrischt.

Bemühen muss ich mich auch um die Aufrechte. So selbstverständlich ist sie nicht mehr gegeben, schon gar nicht als aufrechter Gang. Immer wieder tauchen Einschränkungen und Blockaden auf. Dann brauche ich Kniffe und Impulsgeber, die mich ins Laufen bringen. Hilfreich ist zum Beispiel das leise Vorsprechen eines Walzertaktes oder eines Gedichts aus der Heileurythmie: »Erde ich spüre dich / leise berühr` ich dich …« von Hedwig Diestel. Auch Unverhofftes hilft, etwa das Hochziehen der Hose als Startsignal. Als ich einmal Besuch von einer Kollegin bekam und die Hose als Impulsgeber wählte, um in die Küche zu kommen, rief sie mir nach, ich solle das aufschreiben! Vor allem auch deswegen, weil der Laufbeginn zunächst eine unkontrollierte, staccatoartige Aufwallung in Trippelschritten mit sich führt und erst nach einem furiosen Sich-Ballen das ruhigere Fahrwasser erreicht wird.

Herder hat recht, mit meiner Aufrechten leidet auch der ganze Martin. Manchmal hilft nur noch Abschleppen. So geschehen vor den Türen des hiesigen Supermarkts, als ich im Windfang zwischen zwei Eingangstüren einfror und bewegungslos 20 Minuten auf Besserung wartete, die schließlich in Person zweier Mitarbeiterinnen kam. Zunächst scheiterten sie an dem Versuch, mich auf den Rollen eines Bürostuhls ins Innere zu retten, weil ich zu schwer war. Entschlossen griffen sie im zweiten Anlauf zu einem stählernen Roller und zogen für mich sprichwörtlich »den Karren aus meinem Sumpf«. Vorsichtig und mit synchronisierten Bewegungen gelang es den beiden Damen zuletzt, mich aus der Gefahrenzone zu bekommen.

Aufrechte? Menschsein?

Jetzt gerne eine Pommes!

Aber ich darf ja nicht mehr. Durfte ich je? Also …

Zwischenruf aus der Bedrängnis: Über die Angst

Ein Tagebucheintrag

Heute Morgen möchte ich etwas über die Angst schreiben – und sitze selbst fest eingeschnürt in der Angstfalle. So werde ich wenig reflektiert über diesen Seelenzustand schreiben können, aber kaum habe ich mich hingesetzt, da eilt die Angst herbei, tritt in mein Haus und schlägt mich in ihren Bann. Ich setze dennoch meine Aufzeichnungen fort.

Ein Gefühl wie Starkstrom durchfährt meine Beine. Nervenbrennen und Unruhe da, wo ich doch Stand und Halt finden sollte. Woher kommt jetzt die Angst? Ist es überhaupt Angst oder sind es nur die dann und wann auftretenden »Zappelbeine«?

Es gibt nur eine Möglichkeit, mit der Situation umzugehen: Ich lasse die Angst zu und setze mein Schreiben fort. Dieses Schreiben in der Not ist ein Vorgang, der mir immer hilft. Es hilft, die Schmerzen auszuhalten und vielleicht das Richtige in dieser Situation zu denken und zu fühlen. So kann ich mich langsam aus der Umklammerung der Angst lösen. Entscheidend ist bei dieser Übung, dass ich es tue und in Treue der Sache gegenüber daran festhalte. Vielleicht komme ich so auch einer Antwort im Hinblick auf eine Frage ein Stück näher, die mich schon lange beschäftigt: Was hat es mit den Beziehungen der Menschen untereinander auf sich? Wem bin ich wann begegnet?

Wie kommt so viel Angst in meine Seele? Wie oben schon erwähnt, wurde ich aus gesundheitlichen Gründen als Kleinkind allein nach Holland geschickt, in die Obhut pflegender Ordensschwestern. Wenn ich die späteren Erzählungen der Eltern recht erinnere, war es ein Altenheim an der Nordsee. Die Folgen auf der seelischen Ebene waren gravierend, haben ein zentrales Angstmuster in mir angelegt, das in Variationen immer wieder zu mir zurückkehrt. Hier darf ich im Hinblick auf meine Biografie übend arbeiten, auch deshalb, weil die Angstformen sich in meinen Körper eingenistet haben, organisch geworden sind.

Ich gebe mich der Angst somit nicht in Gänze passiv hin. Und doch gibt es auch Angststürme, die mich phasenweise komplett überrennen. Was fühle ich in solchen Momenten?

Auf der Körperebene geht der Sturm oder Starkstrom durch die Beine. Die Nerven sind bis zum Zerreißen angespannt und sirren, die Muskulatur ist im hohen Tonus und hart. Der untere Teil meines Körpers ist wie zerfahren, ich habe auch kaum einen Zugriff darauf. Jetzt zum Beispiel sitze ich in meinem Sessel und »reite« die Situation ab. (In meinem Sessel liegt das Fell eines Schafes aus dem Allgäu, weiß mit einzelnen Farbelementen. Der Schäfer erklärte mir mit leuchtenden Augen, dass das Fell Schmerzen lindere und wichtige Wärme schenke.)

Auf der seelischen Ebene lässt die Angst den Seelenraum zusammenzurren, eine Septim-Stimmung im höchsten Maße. Das Gefühl des Kontrollverlustes ist sofort da, die Fliehkräfte der Angst destabilisieren mich und greifen die Mitte an, den inneren Halt. Schwarz, dunkel, zerrend festziehend, Erstarrung, ein Todesmoment, Stein und Verhärtung.

Wenn die Situation mich nicht völlig vereinnahmt, kann ich sie als solche beobachten und beschreiben, wie auch jetzt. Es gibt also in mir einen Bereich, von dem aus ich beobachten und gegebenenfalls auch fliehen kann. Dieser Bereich ist frei und für mich

Zufluchtsort – ein Ort, an dem ich versuche, Sprache Wirklichkeit werden zu lassen. Ich setze das Wort gegen die Angst. Gedicht, Wahrspruchwort oder Gebet. In diesen Schutzraum stelle ich mich dann, indem ich einen Text spreche und in mir bewege oder belebe. Die Substanz der Worte bilden den Schutz und die Hülle, in der ich atmen kann.

Warum gelingt das über die Sprache oder über das Wort? Was ist das Besondere des Wortes? Leistet ein Ton oder eine Melodie Vergleichbares?

Die Angst will meine Mutkräfte sehen. Nur wenn ich mich der Angst stelle, kann ich sie überwinden. Mut ist die Gegenbewegung, Mut heißt Konzentration, ich ziehe mich auf die Spitze meines Ichs zurück, und von dieser aus kann ich durchstoßen und versuchen, wieder Anschluss findend auf die Ebene von Welt und Leben zu gelangen. Oft geht meine Angst mit den starken Schmerzen in den Beinen einher. Im Echoeffekt treiben sich Seele und Beine gegenseitig an, bis der Schmerzhöhepunkt erreicht ist. Dann gilt es, sich in den Atem zu betten und Ruhe herzustellen. Angst ruft nach Überwindungsgesten.

Wenn es mir gelingt, meinen Mut aufzurufen und durchzustoßen, ist die Freude jedes Mal groß. Dann wächst das Vertrauen in meine Möglichkeiten. Jedes Gelingen und Meistern stärkt mein Selbstbewusstsein.

Welche Bedeutung hat die Angst ganz allgemein für mich? Ist in ihr eine Botschaft verborgen? Der sich hier anschließende Erkenntnisprozess ist keimhaft, atmet Zukunft.

Angst 2

Diese Mühsal
diese Qualen
steinerne,
in Zement gegossen
der Leib
bleischwere Trippelschritte
vergeblicher Tanz
Schwere, Last, Steinschwere
lähmende Glut der Angst. Todeslast.
Warum immer wieder in diese
Schattenwelt getaucht?
Warum immer wieder dieses
Hocharbeiten, am Kreuz entlang,
Licht der Auferstehung suchend?
Will das der Stern sehen?
Will der Himmel mein junges
Sternenlicht innen
berühren?
Bin ich so erkannt?
Erdarbeiten
Stunde um Stunde.
(2017)

SCHMERZWORTE

Von dem Knochendorn
ins Schmerzbett
geschlagen
wund
offen
in der Beckenschale
zittern
die Fragen
rote Schmerzkanten glühen
als Leuchtfeuer auf dem Mitternachtsmeer.
Was will werden?
Keimt sein Licht in der Nacht?
Der Fischer hebt die Netze
er kennt das Grün des Augenblicks
und bricht mit dir am
neuen Ufer das Brot.
Wortbrote –
(2012)

Hänseln gilt nicht, da hat Gretel etwas dagegen – oder:

Die Farben der Nacht

Es war eine permanente Vertiefung, die auch Geduld brauchte. Sobald die Frage gestellt war, wusste Mutter bereits die Antwort. Das Grimm'sche Märchen von Hänsel und Gretel wollte ich immer wieder hören, abends vor dem Schlafen. Ich lag gewaschen und voll freudiger Erwartung in meinem frischen Bett und konnte mich dem Märchen ganz hingeben. Und der Mutter. Ich liebte ihre schöne Stimme, ihren scharf geschnittenen Mund, an dessen Lippen ich hing. Ihre Mimik unterstrich das Gelesene, und so war ich hingegossen an das Gesicht, an diese mütterliche Landschaft, die zu der reichen Bilderwelt gehörte. Allein, dass mir der Ausdruck etwas höchstrichterlich zu spitz war, wenn sie in Versuchung geriet, auf diese Art und Weise das Fehlverhalten einer der Figuren ihrerseits mit einer ›sprachlosen Eindeutigkeit‹ zu versehen. In solchen Momenten leuchtete die katholische Strenge meiner Mutter Elisabeth, geprägt in Westfalen, kurz auf. Noch im hohen Alter erzählte Elisabeth Märchen, aber jetzt erzählte sie diese vor den Mitbewohnern des Altenheimes oder den Kindern des Waldorfkindergartens. Geübt hatte sie bereits in der Nacht, Wort für Wort gelernt, sich Sprachgeste und Inhalt wortgetreu zu eigen gemacht.

Den nächtlichen Weg der Geschwister in den dunklen Wald ging ich innerlich immer wieder nach. Es war die Stiefmutter, eine böse Frau, die in der Situation der äußersten Armut der Familie dem Vater den Vorschlag machte, seine Kinder im Wald auszusetzen. So allein gelassen, blieben die Kinder zunächst ohne Schutz, waren desorientiert, verirrten sich als Folge dessen im Wald und gerieten in die Hände der Hexe. Im Nu war Hänsel im Käfig, dort sollte er zunehmen und später verspeist werden. Gretel musste im Haushalt die Arbeit verrichten.

Irgendetwas, das in diesen Märchenbildern lag, berührte auch mein seelisches Grundmuster, hier erkannte ich mich offenbar wieder, ohne es reflektieren zu können. Stiefmutter, Verstoßung, Einsamkeit – und die Begegnung mit dem Bösen. Aber hier lag ja auch die Lösung: Mit welchem Mut und Geschick überwanden die beiden Kinder die Hexe! Und was geschah am Ende?

Die mondlose und dunkle Nacht kenne ich auch heute noch. Ich schlafe dann zunächst recht gut ein, wache aber nicht selten auf in dem Moment des Sturzes. So schmerzhaft zu Boden geworfen, gilt es zunächst zu überprüfen, ob ich verletzt bin. Bisher blieb alles ohne große Schmerzen. Warum aber diese Unruhe in der Nacht? Was führt mich hier in den Fall? Da fehlen mir die Möglichkeiten eines Zugriffs.

Noch dunkler wird die Nacht für mich, wenn ich meinen eigenen Fesselungen begegne, ohne ihnen gewachsen zu sein. Da wird der Mensch zum Spielball seiner Triebe und Begierden. Schokolade oder andere »süße Früchte« werden sinnlos zu dieser Nachtzeit konsumiert. Eine Fesselung, die mich immer wieder irritiert. Ein Blick in den Beipackzettel meiner Medikamente zeigt mir, dass ich mit mehreren seelischen Abweichungen rechnen muss. Umwege in des Waldes tiefer Einsamkeit. Ich spüre dann die Angst, denn vieles von dem, was mit ihr zusammenhängt, hat auch mit ›lichtscheuer Gewalt‹ und mit einem Überwältigt-Werden zu tun. Ein Element meiner Seele, nur meiner eigenen. Hier liegen die Aufgaben für das Üben in kleinen Schritten. Strategien, die das taghelle Bewusstsein sich ausgedacht hat, um in der Nacht bestehen zu können und etwa dem Drang nach Schokolade nicht nachgeben zu müssen, greifen nur bedingt. Es handelt sich um eine echte Willensschulung!

So eine Nacht sitzt mir dann noch am Morgen in Form von Steifheit in den Gliedmaßen. Doch trotz dieser Nachwirkungen geht es darum, mich von diesen Erlebnissen zu lösen. Wie gelingt mir dies? Letztlich doch nur mit dem wachen Bewusstsein, oder? Ich unterscheide drei Ebenen des Bewusstseins:

1. Der Mensch ist ein Sinneswesen, und mit seinem aufrechten Gang und den Sinnesorganen stellt er sich in die Welt. Die Sinne sind die Türen und Fenster zur Welt – und in einem weiteren, zweiten Schritt auch zu unserem Ich. Im Gegenüber zur Welt entstehen Selbstbewusstsein und Wachheit als Voraussetzungen für die (Welt-)Erkenntnis und Selbsterkenntnis.
2. Die zweite Ebene unterscheidet sich von der ersten insofern, als dass die Wahrnehmung sich nun nach innen richtet und mehr im Seelenraum lebt. Dies birgt allerdings die Gefahr einer reduzierten Wachheit gegenüber der Welt in sich.
3. Die dritte Ebene ist der Welt, die uns umgibt, noch weiter entrückt. Es ist die Ebene des Schlafes, in dem wir den Traum als Sonderform des Bewusstseins kennen. Der Unterschied zu den beiden anderen Formen des Bewusstseins liegt darin, dass wir im Schlaf nicht sagen können, was das Ich erlebt oder tut.

Ich führe diese Unterscheidung ein, weil viele Parkinsonpatienten die Fesselung an die meist überbordende Kraft des Seelenlebens kennen. Ich habe nicht selten das Gefühl, mich von der zweiten Ebene durcharbeiten zu müssen in die Wachheit des Tagesbewusstseins. Dann gilt es Fesseln zu lösen und den Schritt nach vorne zu tätigen. Die Nacht steht dann für das Sich-Ängstigen und für Gefahr.

Wenn ich morgens erwache, spüre ich sehr schnell meine augenblickliche Situation, in die ich gestellt bin. Das Erfassen bezieht sich sowohl auf mein körperliches Befinden als auch auf mein seelisches Gestimmtsein. Nun erlebe ich häufig in diesem Moment, dass ich morgens aufwache und von einer pochenden Angst in mir erfüllt bin. Ich bin also noch gar nicht klar bei Bewusstsein, da greift die Angst nach mir und zieht mich mit vehementer Kraft nach unten, ins Halbbewusste. Da will sie mich offenbar in einem merkwürdigen Zwischenreich festsetzen, der weder Schlaf noch klares Tagesbewusstsein ist.

Wie komme ich aus diesem Zustand, der mich in seiner Schieflage sehr beunruhigt, wieder heraus? Ich spüre, dass ich es tun muss: Ich muss mich hocharbeiten in eine innere Präsenz. Diese Tätigkeit ›fordert‹ die Angst von mir. Hocharbeiten meint, schrittweise in die Klarheit zu kommen. Nach oben steigen. Helfen kann in dieser Situation des Sich-Aufrichtens, dass ich den Blick nach oben führe und mich an dem, was ich über mir sehe, wie festhaltend aufrichte. Zwei bis drei Mal kann ich das hintereinander tun.

Möchte ich jetzt noch mein Arbeitszimmer erreichen, so muss ich mir zuvor ein möglichst ausführliches Bild von dem Raum machen. Dann folgt eine Pause, und ich setze erneut an.

Kann man in diesem Prozess auch stecken bleiben?

Das Aufrichten hat die Qualität des Konsonanten L aus der Heileurythmie. Auch hier führe ich etwas mit starker Hand nach oben. Es ist aber keine Frage der Kraft, sondern der inneren Beweglichkeit und Dynamik.

Die Krankheit öffnet mir also auch Räume.

Während ich diese Zeilen schreibe, hebe ich meinen Blick etwas in die Höhe und betrachte ein zeitgenössisches Bild. Es hängt über meinem Schreibtisch neben einer russischen Ikone, die Maria mit dem Kind zeigt. Der junge Christus erscheint in ihrem Herzen und im Brustraum. Eine ungewöhnliche Darstellung: der Christus in mir.

Das etwas kleinere zeitgenössische Bild einer Malerin, die ihre Tätigkeit am Bild vor allem in den Dienst des Heilens stellt, ist in einem lebendigen Weiß gehalten. Den Mittelteil füllt ein Schwarz aus, der Form nach ist es ein Rechteck, das an seiner linken Seite von einem Stück Stoff gehalten wird. Das Schwarz ist nicht einfach ein finsteres, undurchdringliches Dunkel, sondern in ihm leben viele Farben: rot, blau, rosa oder gold, die auch Formen erkennen lassen. So werden beispielsweise die Konturen eines Hauses und eines Stalls sichtbar. Das berührt das Geheimnis der Nacht. In dem Dunkel leben all die Farben, in dem Dunkel ist das Leben! Die Künstlerin machte mich darauf aufmerksam, indem sie mich selbst zu der Übung anhielt, möglichst viele verschiedene Farben der Farbskala vom Hellen ins Dunkle mit Pastellkreide übereinander zu schichten. Dies Schritt für Schritt getan, führt in das Schwarz, aber geboren aus den Farben!

Und so erlebe ich es auch: Die Nacht als Gefahr, lähmend und steinschwarz. Undurchdringlich. Es gibt aber auch eine Dunkelheit bzw. eine Seite der Nacht, die einleuchtend, ja aufleuchtend ist als tiefe Seinserfahrung, die Geburtscharakter hat und erwecken möchte. Der Prozess der inneren Entwicklung braucht also die Engführung, sonst bleiben die Grundmuster meines Verhaltens unangetastet.

Nacht

Du mit den zwei Gesichtern
Nacht
Königin im Verborgenen webst du die
Kleider für den Tag
mit dem goldenen Faden in dem die Taten der Menschen
aufleuchten
klingender Ernst tönt singend den Sternen des Himmels
die erkenntnisreiche Nacht ist ihre Zeit
heiter rollen sie die Bahnen Stern auf Stern
aber wehe dem der mit leeren Händen
hier unter die Augen tritt:
jetzt sitzt ein anderer auf dem Thron
metallisch vibrieren die Stimmen der noch verdeckten
Gewalt höhnisch
züngelt geschickt die Versuchung
wer spricht den Gegenton?
du weißt nur, er lebt von dem,
was dir jetzt fehlt
wann endlich fühlst du so tief dass
du ihn lassen kannst?
tritt heraus
und flieh dem Morgenglanz entgegen
Licht ist Leben
nachtgeboren
ertastest du
im Herzland
innen
das Wort
hörst du die Stimme?
(2018)

Im Märchen verpufft die alte Hexe im Feuer des Ofens, den sie für Gretel eingeheizt hatte, die aber ganz geistesgegenwärtig den rechten Moment erkennt und die Hexe selbst in die Flammen stößt.

Und am Ende? Die Kinder gehen nochmals in das Hexenhaus hinein, nun ohne Furcht, da die Alte tot ist, und finden in den Ecken des Hauses überall Kostbarkeiten: Perlen und Edelsteine. Davon nehmen sie mit, soviel sie können, und bringen auch dem Vater davon, der seit dem Aussetzen der Kinder im Wald keinen ruhigen Moment mehr erlebt hatte. Die Stiefmutter war schon gestorben, und sie lebten fortan ohne Sorgen.

Wir finden in der Literatur – ob Märchen oder Mythos – immer wieder diese Bilder der Verknüpfung von der Überwindung des Bösen und dem Gewinn eines Schatzes. Seelenkräfte werden so gebildet. Dürfen wir Nachtgeprüften also hoffen?

Ja, denn zweierlei wird sichtbar: Die Kinder Hänsel und Gretel lösen die kritische Situation, in die sie gestellt werden, selbst. Die Fähigkeiten liegen in ihnen und werden für ihre Erlösungstaten nicht nur gebraucht, sondern sogar erweitert: Lernen durch das Leben. Gehen sie so ihren Weg, finden sie die Schätze im Hexenhaus. Die Auseinandersetzung mit dem Bösen, das im Märchen durch die Hexe personifiziert wird, hat letztlich einen Sinn: Jede vom Schicksal bereitgehaltene Engführung und Begegnung mit dem Bösen ist nicht nur Not und Zerstörung, sondern auch ein Potenzial für das aufkeimende Neue.

Darüber hinaus gibt es noch die Gewissheit, begleitet zu werden, die sich im Leben einstellen kann. Natürlich gibt es Situationen, in denen dieser Gedanke unmöglich erscheint, weil man so tief ins Schmerzland eingedrungen ist, ja gehen musste. Und dennoch kann ich in dem Bewusstsein leben, begleitet zu werden. Oft zeigt sich dies aber auch erst mit Abstand bei der Reflexion der Zeit der Prüfung.

Prüfung wozu?

Betrachte ich die Biografie eines Menschen, kann ich nicht umhin, den Entwicklungsgedanken mitzudenken. Zu viele Ereignisse im Lebenslauf des Menschen sind so aufeinander bezogen, dass nach innigerem Betrachten ein sinnvolles Muster sichtbar wird. Es zeigen sich Wege und mögliche Schritte, die auch immer den Vollzug wollen.

Ich möchte in diesem Zusammenhang auf eine Stelle des Neuen Testaments hinweisen. Jesus ist hier nicht als Heilsprediger dargestellt, sondern als tätig Helfender in verschiedenen Begegnungen mit den Menschen. Eindringlich sind seine Gesten und Worte gegenüber der Ehebrecherin, die er damit in die Möglichkeit des Werdens stellt. So auch seine Worte zu dem Kranken am See Bethesda, der seit 38 Jahren vergeblich auf seine Heilung wartet (Joh 5,1). Jesus stellt ihm als erstes die Frage, ob er gesund werden wolle. Er geht in seiner Heilgeste zunächst nicht auf die Symptome seiner Krankheit ein, sondern er zielt mit seiner Frage auf die Tiefe des Wesens und spricht den Willen zur Gesundung an. Erst im zweiten Schritt kann Jesus dann sagen: »Steh auf, nimm dein Lager und geh. Und auf der Stelle wurde der Mensch gesund, nahm sein Lager auf und ging« (Joh 5,8ff.).

Ich kann in meiner Krankheit auch versacken, wenn mein Wille erlahmt und dabei langsam untergeht. Ich muss nochmals neu lernen, jetzt am eigenen Leib, dass Entwicklungsschritte kleine Schritte sind.

Welche Bedingungen fördern meine Entwicklung? Und was hat sich als hinderlich erwiesen? Um diese Fragen kommt ein nach Selbsterkenntnis Strebender nicht herum.

Die Diagnose – Ausbruch der Krankheit

Die Zeichen der Krankheit richtig zu lesen, gelang zunächst meiner Frau. Während ich meinen beeinträchtigten Gang mit Rückenproblemen (Gleitwirbel) zu erklären versuchte, waren ihr meine Haltung beim Gehen über die Felder am Rande der Alb – welch herrlicher Anblick im wechselnden Himmelslicht – das ausbleibende Mitschwingen des linken Arms und mein Riechverlust Zeichen genug, mich vom Hausarzt zum Neurologen überweisen zu lassen. Der geschätzte Hausarzt war sich noch fast sicher, dass ich kein Parkinsonpatient sei. Er ließ es noch offen, man werde ja sehen …

Ende Januar 2012 schien die Sonne, bereit, ihr Licht üppig zu verschenken. Ich hatte einen Termin bei einer Neurologin auf den Ostfildern, südöstlich von Stuttgart. In der Sprechstunde saß ich ihr dann gegenüber. Nach einigen Funktionsübungen war die Diagnose für sie eindeutig. In wenigen Sätzen bekam ich mitgeteilt, ich hätte Morbus Parkinson. Mit wenig Empathie dem anderen offenbart. Als sei es ein Schnupfen. Ich war sprachlos. Geschockt. Die Ärztin ging nicht weiter darauf ein.

Als ich die Stufen der Arztpraxis hinuntergelaufen war und unten auf die Straße traf, wo nur wenige Meter entfernt mein Auto parkte, umfing mich eine leuchtende Sonne mit milden Temperaturen. Zu warm für Januar, unwirklich wie für mich die ganze Situation, in der ich mich befand. Das Unfassbare ließ mich zum Stein werden. Ich versuchte, mich mit wenigen Schritten aus meiner Schockstarre zu befreien und innerlich zu fassen. Zu Hause angekommen, wartete der jüngste von drei Söhnen, Samuel, auf mich. Er nahm mich tröstend in seinen Arm und formulierte einen Kernsatz, der tief aus seinem Innern kam: »Vater, ich trage dich überall hin ...!«

Diesem Leitsatz ist er bis heute treu geblieben, er hat mich bisher viel getragen, wenn ich seiner bedurfte. Hier war ich aufgehoben und geborgen. So dass ich von Beginn an das Lebensgesetz sehen und fühlen durfte:

Nah ist
Und schwer zu fassen der Gott.
Wo aber Gefahr ist, wächst
Das Rettende auch.

Friedrich Hölderlin[4]

Meine Fassungslosigkeit und die Sprachlosigkeit. Ich wollte nicht in dieses Körpergefängnis. Angst schlug mir von unten entgegen. Wollte nicht zu Stein werden.

In meinem Beruf als Lehrer habe ich mich häufig Grenzen überschreitend verausgabt. Dann – zehn Jahre vor meiner Diagnose – ein Schicksalsschlag, der mich von außen kommend traf und drohte, mich zu vernichten. Ich kämpfte um meine Existenz, um die der ganzen Familie. Unser Fundament drohte völlig wegzubrechen, so stark waren Ende Januar 2002 die Erschütterungen. Ich sah mich zu Beginn des neuen Jahrtausends zu Unrecht öffentlich angeklagt – und damit auf mich selbst zurückgeworfen. Eine grelle, schreiende Einsamkeit. Bar jeder Anerkennung und Wertschätzung. Prüfung der Seele. Abgründe, Schwellenlicht.

Aber es waren auch Menschen da, die mir helfend zur Seite standen. So wuchs ein Netz von Beziehungen, das mich tragen konnte und bis heute Fundament ist. Neben der Familie waren es Ärzte,

4 Hölderlin, Friedrich, »Patmos«, in: Friedrich Hölderlin, *Einhundert Gedichte*. Sammlung Luchterhand, Frankfurt a.M. 1989, S. 118ff.

Kollegen, Freunde und begleitende Menschen, die oft im richtigen Augenblick da waren. So der Arzt, der mir immer aufs Neue seine Sprechstunde schenkte, obwohl ich kein Privatpatient war. Ebenso die Maltherapie, die für mich mit dem Klinikaufenthalt nicht endete, sondern das Malen und die wichtigen Gespräche fanden in der Zeit jenseits der Therapiestunde ihre Fortsetzung. Diese persönlichen Gesten, ja, diese Geschenke ermöglichten langsam das Entstehen einer neuen Vertrauenshülle in meiner Seele dem Leben gegenüber. Die Brücken aus meiner Wunde ins Leben hinein waren aus einer leuchtenden Substanz der Menschlichkeit für mich errichtet worden, und hier liegt der Schlüssel der Tragfähigkeit eigener Schritte ins neue Leben. Der Mensch ist auch in Momenten größter Einsamkeit in Beziehungen gestellt, die ihm helfen. Er ist auf das Du angewiesen. Davon müssen Lehrer, Ärzte und Priester ausgehen. Und nicht nur sie.

Wie bildet sich dieses neue, zögerliche Ja zum Leben? Das ist ein Geheimnis. Und doch kann man vorsichtig sagen, dass die Kunsttherapie die Eigenkräfte des Patienten stärkt. Und die Hinwendung und Auseinandersetzung mit Musik, Farbe und Sand oder Ton, sowie auch die Heileurythmie, Freude im Selbsterleben und andere seelische Regungen hervorruft.[5] Das heilende Wunder der Beziehung kann sehr vielfältige Formen annehmen.

Unvergessen ist für mich die Begegnung mit einem Arz. Nach Dienstschluss in der Klinik kam er an meinem Bett vorbei, in dem ich mit Bandscheibenschmerzen lag, erkundigte sich nach meinem Zustand und blieb dann etwa 30 Minuten schweigend mit mir an meinem Bett sitzen. Hierin lag eine Form der inneren Begleitung, die so wesentlich wie die Medizin selbst sein kann.

---

5 Vgl. dazu Rapp, Dorothea, »Kann Wahrheit schön sein – oder: Muss Schönheit auch wahr sein? Nachdenken über Kunst«, in: *Wirken im Zeichen von Kunst Wissenschaft und Religion.* Herausgegeben von Jean-Claude Lin. Verlag Freies Geistesleben, Stuttgart 1999, S. 15ff.

Auch die amerikanische Ärztin Rahel Naomi Remen weiß davon zu berichten.[6] In ihrem Buch *Aus Liebe zum Leben* erzählt sie Geschichten, die anschaulich von Qualitäten wie Liebe, Leben und den Herzkräften des Menschen künden. In der Sammlung findet sich zum Beispiel die Geschichte des Chirurgen, der vor jeder OP aus Papier einen japanischen Kranich für seine Patienten faltet und so eine tragfähige Bindung als Fundament letztlich auch für die Ausnahmesituation der Operation schafft. Der Kranich ist im japanischen Kulturkreis das Symbol für ein langes Leben.[7] Das morgendliche Falten dauert nur fünf Minuten, dabei meditiert der Arzt über den Patienten und die Gesundung.

Die Medizin hat leider seit einiger Zeit einen Weg eingeschlagen, der aus der Beziehung und Beziehungsfähigkeit zwischen Ärzten und Patienten herausführt. Die Ökonomisierung und Technisierung prägen das Medizinwesen wesentlich. Dem steht der individuelle Wille des Einzelnen gegenüber, der in seiner Arbeit die geistige Dimension mit einbezieht, Wärme im Zwischenmenschlichen schafft und so erfolgreich heilt.

---

6 Remen, *Aus Liebe zum Leben*, siehe Anm. 1.

7 ebenda, S. 128.

Felsenfest

Eines Tages erreichte meinen Bruder und mich eine Email unseres ehemaligen Kindermädchens, das uns zwei Brüder in jungen Jahren gehütet hat. Christine war damals selbst erst 16 Jahre alt, erinnerte sich nun – mit über siebzig Jahren – an uns und freute sich herzlich über das Auffinden unserer Adressen im Internet. Gerne denke sie an die vergangene Zeit zurück und frage sich, wie wir im Leben stehen und ob Mutter noch lebe? Das »Hütemädchen«, wie sie sich selbst nannte, sei gerne in unserem Elternhaus gewesen und erinnere sich noch an die vielen Steine, die es bei uns gegeben habe. Ja, Vater habe mit Mutter zusammen nicht nur ein Interesse an Kunst gelebt, sondern sich auch der Natur zugewandt. Damals habe sie sich über die vielen Steine noch gewundert, heute habe sie die Enkelkinder in einem Waldorfkindergarten und der -schule und verstehe diese Freude am Stein nun besser.

Ich habe es befürchtet: Ich bin ein Wiederholungstäter oder genauer: ein Fortschreiber einer Sammelfreude. Ich erinnere mich, dass unser Wagen, wenn wir die Ferieninsel Amrum verließen, zunächst in die Knie ging. Vater hatte Granit gesammelt und die unteren Schichten unseres Autos im Kofferraum und in der Fahrgastzelle mit Steinen ausgekleidet. Damals hatte ich das Gefühl, Vater versäume mit dem Suchen kostbare Stunden am Strand. Ging es nicht vor allem darum, sich Schichten cooler Bräune anzulegen? Zunächst ein erstes Grundieren in Rotbraun, danach musste nur noch der Vollendung zugearbeitet werden. Doch Vater entzog sich diesem Prozess. Er suchte stattdessen – und fand. Als Familie durften wir dann abends seine Schätze begutachten und uns an seiner Freude am Stein erfreuen.

In dieser Weise seinen eigenen Weg zu gehen, gelang Vater nicht immer. Er teilte bis zu einer gewissen Intensität Mutters Liebe zu den Sternen am nächtlichen Himmel. Später gab es um sie herum einen Sternenkreis interessierter Menschen, die sich gemeinsam mithilfe zahlreicher Bücher kundig machten, was ihr aber auch den Namen »Sternenfee« einbrachte. Gerd N., ein guter Freund der Eltern, ließ ihn gelegentlich schmunzelnd im rechten Augenblick mit leichtem Effet fallen. Diese Sternenfee konnte ihren Gatten um Mitternacht nicht vor den Sternenhimmel bekommen, um zu sehen und zu staunen, Vater zog den kontinuierlichen Schlaf vor.

Doch Mutter Elisabeth wusste sich zu helfen, griff zu einem Blasen- und Nierentee, servierte diesen zum Abendessen als Kräutergemisch und brauchte dann nur noch zu warten. Die Zeit und die Blase arbeiteten für sie, die Fee lag auf der Lauer und fing den Vater auf seinem Toilettengang kurz ab, führte ihn »an den Himmel« und hatte so mehrfach die Gelegenheit, ihr Ziel, der Sterne Glück mit dem Vater zu teilen, zu verwirklichen. Am nächsten Morgen haben wir alle herzlich gelacht, und Mutter stieg in meiner Achtung nicht unerheblich. Ich selbst sollte später ebenfalls eine auch auf dieser Ebene nicht unbegabte Frau heiraten.

Der Granit ist ein in großer Vielfalt an Erscheinungsformen auftretender schöner und reicher Stein. Welche Rolle hat er bei der Entwicklung der Erde gespielt? Aus dem Amrum meiner Kindheit ist für mich als Erwachsenem die Bretagne geworden. Ich sammle Steine an der Steilküste zum Atlantik hin, meine Frau Gabriele trinkt währenddessen die Eindrücke des Meeres in sich hinein. Unsere Freunde Bettina und Andreas kennen das schon, am Ende der gemeinsamen Urlaubstage in Kergolézec tragen sie bereitwillig Taschen und Körbe voller Granit in ihren VW-Bus, während wir mit nur wenigen Handschmeichlern im Gepäck das Flugzeug besteigen.

Der Granit ist ein Urgestein. Goethe hat sich als Naturwissenschaftler mit ihm beschäftigt, Adalbert Stifter widmete ihm in seiner Sammlung *Bunte Steine* (1853) eine Erzählung. In mir sind Fragen entstanden, Fragen an den Stein, seine Herkunft oder an die Erdentstehung.

Und ich? Warum sammle ich so gerne am Bodensee oder in der Bretagne Steine? Ist es der Wunsch nach dem Festen, nach einem seelischen Fundament, auf das ich mich innerlich mit beiden Beinen stellen kann? Jetzt, wo Brüchigkeit den Seelenraum mitbestimmt. Hilde Domin spricht in einem ihrer Gedichte von dem Zukünftigen im Menschen als von der neuen Stadt: »Jerusalem, / die goldene, / aus Nichts.« Da sind Steine eine Last oder bestenfalls Zeugen eines Übergangs. Der Blick ist doch sowohl zu den Sternen als auch auf die Erde zu richten. Vielleicht möchten ja Erde und Himmel in uns zusammenkommen? Bin ich bereit oder werde ich bereitet?

»Du bist auf einer Reise!«, rief mir unlängst eine Kollegin zu.

Und dann bekomme ich doch noch ein Stück der goldenen Zukunft zu fassen. Ich stehe im Uferbereich des Bodensees im Wasser und suche den Grund nach Steinen ab. Plötzlich bleibe ich wie gebannt mit meiner Aufmerksamkeit an einer Stelle hängen und muss einen kleinen Aufschrei unterdrücken.

Vor mir liegt auf dem Seegrund ein schöner Bergkristall, unbeschädigt.

Ich suche meine Gedanken zu ordnen. Wie kann dieser Stein hierher gelangt sein, an das Ufer? Die Alpen herab ist der Weg, den die Steine seit Jahrhunderten zurücklegen und der ihnen ihre Form gibt.

Ich greife zum Handy und rufe meinen ehemaligen Biologie- und Geologie-Kollegen Albrecht S. an. Ja, ich stehe mit den Füßen noch im Wasser, vor mir liegt der Stein. Meine Frage ist schnell geklärt, er gibt mir recht, der Stein habe einen anderen

Weg in den See gefunden. Als ich zu Hause mit Freude und der Gewissheit angekommen bin, Gabriele ins Staunen zu versetzen, erzähle ich, was mir widerfahren, und zeige den besonderen Stein aus dem Bodensee. Die Überraschung ist mir gelungen. Mutter und Tochter stehen ebenso wie ich vor einem Rätsel. Allein auf Eles Gesicht sind zusehends mehr Fragezeichen zu erkennen. Und dann bricht es aus ihr hervor: Sie habe den Stein vor 12 Jahren, nach dem Tod Ihrer Tante, als Erbstück bekommen und in den See versenkt, weil wir genügend Steine besessen haben und ihn so andere Kinder gewiss finden würden. Die Freude der kleinen Finder habe sie schon vor sich sehen können. Ja, es hat 12 Jahre gedauert, bis jemand seine Aufmerksamkeit auf den Stein gerichtet hat.

Was sind das für sonderbare Wege, die auch die Dinge gehen, um zu uns zu kommen? Der Bergkristall hat vorübergehend seinen Platz zwischen den echten Bodenseesteinen in meiner noch kleinen Sammlung gefunden. Ob er da bleiben wird oder ob meine Frau einen neuen Impuls spüren wird, weiß ich noch nicht. In Gabriele schlummert viel Potenzial. Gestaltungspotenzial. Ich werde nicht immer gefragt, gebe ihr aber meistens im Nachhinein recht.

Sonnenaufgang

Es gibt Tage, da eskaliert die innere Situation. Am Wochenende war meine Frau mit einem unserer Söhne nach Oberbayern aufgebrochen, um das erste Enkelkind in Augenschein zu nehmen. Schnell ist man sich einig, dass die Fahrt zu anstrengend für mich sei, während ich noch nach einer Möglichkeit für mich suche. Zuletzt stimme ich doch zu, weil ich ahne, dass es für Gabriele eine Entlastung ist, allein zu fahren. Zudem sind sechs Stunden Autobahn auch tatsächlich zu viel für mich.

Das Enkelkind ist ein Frühgeborenes, das an der Grenze zur Lebensfähigkeit auf die Welt gekommen ist und jetzt um dieses Leben ringt. Sorgen um die weiteren Schritte ins Dasein leben in beiden Eltern, in Gabriele und mir. Eine wichtige Fahrt, um ein Fundament zu bilden, Vorhandenes zu kräftigen.

Was trägt meine Frau alles in ihrem Herzen mit? Das Frühchen, die eigene Mutter in der beginnenden Demenz und einen Ehemann mit Parkinson. Und daneben gilt es natürlich auch, sich selbst zu verantworten.

Heute, auf dem Rückweg von einem Arzttermin, stoßen wir auf die Baustelle um den Flughafen herum. Neue Spurführung, Umleitungen, gelbe Zeichen am Boden – alles sehr irreführend. Dann durch einen Tunnel, den hier noch nie gesehen, am Ende greift die Panik nach ihrer Seele. Ein Aufschrei, Konfusion, schwerer Atem und Tränen. Ich bin augenblicklich Navi und Tröster in einem. Später tritt die Septimstimmung in den Hintergrund und verebbt langsam. Wir versuchen Ruhe zu finden und spulen unsere Aufgaben ab. Es folgt für uns beide eine aufgewühlte Nacht.

Aus dem Fenster blickend sehe ich am nächsten Morgen einen sternklaren Himmel. Das ist meine Zeit: jetzt, zum Sonnenaufgang. Auf den Feldern, die gleich an unser Dörfchen angrenzen, breitet sich eine weiße Schicht Bodennebel aus. Darüber erstrahlt in tiefgelben Tönen und in klarer Bläue der morgendliche Himmel. Bereit, die Sonne zu empfangen. Ich stehe an einem wilden Sonnenblumenfeld. Die Blumen haben ihre Köpfe nach Osten gewandt, der Sonne entgegen, so, als sprächen sie mit der Himmelsmutter, die Kinder auf Erden. Am Rand des Feldes haben sich auf dem Acker Stare, unzählige, zu einem großen Schwarm zusammengefunden, um gemeinsam Flugbewegungen einzuüben. So wallen sie im schnellen Figurenspiel auf und ab, fliegen tief am Boden, in großen Bewegungen einer Dünung gleich, um im nächsten Augenblick alles in den Himmel zu reißen! Steil auf!

Schweißgebadet steht jetzt Ulli neben mir, der Schulleiter der staatlichen Nachbarschule. Außer Atem, weil der Fahrradweg das von ihm fordert, aber auch dem Alltag enthoben, weil, wenn man den Dunst des Nebels hinter sich lassen kann, das Streitgespräch am Telefon, die Sorgen um den Kollegen und anderes, sich alles im kraftvollen Licht der Sonne relativiert. Substanzielle, wesenhafte Schönheit. In diesem Raum kann ich die Dinge gegen ihre Schwere aufheben. Ein fremder Jogger stellt sich zu uns. Ringt um Worte. Wir verstehen. Die Schönheit des Lichtes braucht auch die Dunkelheit, aus der wir kommen.

Wann war das eigentlich, als ich zum ersten Mal einen Sonnenaufgang nicht einfach nur als beschreibbaren Vorgang meinte gesehen zu haben? Richtig, auf dem breiten Sandstrand, dem Kniep der Nordseeinsel Amrum. Ich war allein am Wasser, tief berührt von der Sonne, die sich mir dort zeigte. Was war für mich hinzugekommen, neu? Es ist diese Kraft des Aufstrahlens, nicht nur als Lichterscheinung, die ich fühle. Sie lebt auch in mir. Kann ich Wesenhaftes ahnen, tief unten?

Wir sind erfüllt, gerüstet für den Tag. Ulli fährt seiner Schule entgegen. Ein guter, weil ein menschlicher, in Sonne getauchter Schulleiter. Das Licht wird er weitergeben.

Briefe an Siegrid I

Lebenskrise und Wirklichkeit des Wortes

Auf Schloss Hamborn lernte ich während einer Seminararbeit Siegrid kennen. Donata, eine sehr geschätzte Kollegin aus dem Fachbereich Kunst, gab den Impuls für diese Begegnung, und im Nu saßen wir im emsigen Golf eines Freundes auf der Autobahn (oder war es doch ein geliehener Mercedes, wie Donata meinte?), prall gefüllt mit Erwartungen und Gesprächen über Gott und die Welt. Man sollte öfters mit Kollegen reisen, um auf engstem Raum genötigt zu werden, den anderen wirklich kennenzulernen, und um noch näher dran zu sein an seinem Butterbrot, das zur Mittagszeit gegessen wird, seinem Duft oder seiner seelischen Ausstrahlung. Am Samstag dann mein Einzelgespräch mit Siegrid über dreieinhalb Stunden. Ein Gespräch, das mich tief berührte, weil ich mich erkannt und damit auch verstanden fühlte.

Die Forderung: MENSCH, ERKENNE DICH SELBST! ist eine innere Notwendigkeit auf dem Entwicklungsweg des Menschen oder in Situationen, in denen man sich um ein Verständnis der Zusammenhänge bemüht. Sie ist notwendig als Ausgangspunkt, um die eigene Biografie zu gestalten. All dies möge letztlich zur Freiheit des Menschen führen. Angestoßen wird dieser Prozess der Selbsterkenntnis gelegentlich auch von außen. So hat sich Siegrid, die mit ihrem geschulten Blick und tiefgründigen Menschenbild geschickt und in Liebe auf biografische Fragen schaut, ja weiß, wo das Wasser des Lebens für die Fragenden zu finden ist, von mir

Briefe erbeten, unter anderem einen zu dem folgenden Gedicht von Novalis. Der Brief in der vorliegenden Fassung wurde für die Veröffentlichung an dieser Stelle überarbeitet.

Weihnachten 2021

Liebe Siegrid,
du hast mich gebeten, etwas über ein Gedicht von Novalis zu schreiben. Das Gedicht ist um 1800 entstanden und beginnt in seiner ersten Zeile mit den Worten: »Wenn nicht mehr Zahlen und Figuren …« Du erwartest von mir Eigenständigkeit im Denken, und das ist gut so, führt es den Gedankengang doch zu seinem Kern und nicht in eine von mir abgekoppelte wissenschaftliche Gelehrsamkeit. Was du nun von mir erwarten darfst, ist keine gängige Gedichtinterpretation, sondern ein freier Gedankenspaziergang, der das Gedicht zum Gegenstand der Betrachtungen macht: einmal eher Ausgangspunkt, dann aber auch Zentrum oder Zielpunkt sein lässt. Der eigene Text ist so selbst auf dem Weg, ist Bestandsaufnahme des Augenblicklichen und notwendig seinem Charakter nach fragmentarisch. Meine Verstehens- und Gedankenfigur.

Novalis schreibt:

Wenn nicht mehr Zahlen und Figuren
Sind Schlüssel aller Kreaturen,
Wenn die, so singen oder küssen,
Mehr als die Tiefgelehrten wissen,
Wenn sich die Welt ins freie Leben,
Und in die Welt wird zurückbegeben,
Wenn dann sich wieder Licht und Schatten
Zu echter Klarheit werden gatten,
Und man in Märchen und Gedichten

Erkennt die ew'gen Weltgeschichten,
Dann fliegt vor einem geheimen Wort
Das ganze verkehrte Wesen fort.[8]

In Novalis' Text werden fünf Bedingungen formuliert, die erfüllt sein wollen, bevor das magische Wort als Zielpunkt des Hauptsatzes, in den alles zuvor Formulierte mündet, seine überstrahlende Kraft entfalten kann. »Wenn nicht mehr Zahlen und Figuren«, wenn also nicht mehr das rationale Denken der alleinige Weg zu einem Verstehen und Erkennen der geschaffenen Welt um uns ist, dann hebt etwas Neues an, das auf die Kraft des Wortes zielt. Das Wissen allein kann nicht den Zugang zur geschaffenen Welt und ihren Geheimnissen ermöglichen.

Es gibt offenbar eine Dimension des Seins, die ich mir allein durch Zahlen und Figuren nicht erschließen kann. Gemeint ist das Wissen der Menschen, das auf seinem rationalen Denken beruht. Die Zahlen stehen hier wohl für einen mathematisch-logischen Denkansatz. Die Welt wird somit verständlich, weil sie vermeintlich erklärt werden kann. Zuverlässig, nachprüfbar und durch meine Sinne nachvollziehbar, anschaulich.

Und doch kann einem die Frage immer lauter vernehmlich werden: Sind die alte Physik und ihr Erkenntnisfortschritt der Weisheit letzter Schluss? Oder gibt es nicht noch eine Dimension des »Dahinter«, mit der auch Naturwissenschaftler arbeiten müssen?

Mit dem Titel eines seiner Bücher *Geist, Kosmos und Physik. Gedanken über die Einheit des Lebens* gibt der Physiker Hans-Peter Dürr bereits die Richtung einer möglichen Antwort vor. In seinen Ausführungen macht er dann deutlich, dass:

---

8 Novalis, »Wenn nicht mehr Zahlen und Figuren«, in: *Gedichte und Prosa*, Herbert Uerlings (Hrsg.), Artemis und Winkler, Düsseldorf 2001, S.356f.

> »... wenn wir die Materie immer weiter auseinandernehmen, am Ende nichts mehr übrigbleibt, was uns an Materie erinnert. Am Schluss ist kein Stoff mehr, nur noch Form, Gestalt, Symmetrie, Beziehung. Materie ist nicht aus Materie zusammengesetzt! Was bedeutet das? Wir haben eine Umkehrung: Das Primäre ist Beziehung, der Stoff das Sekundäre. (...) Stoff ist geronnene Form. Vielleicht können wir auch sagen: Am Grunde bleibt nur etwas, was mehr dem Geistigen ähnelt – ganzheitlich, offen. Lebendig, Potentialität. Materie ist die Schlacke dieses Geistigen. In der Potentialität gibt es keine ein-eindeutigen Ursache-Wirkungs-Beziehungen. Die Zukunft ist im Wesentlichen offen.«[9]

Max Planck lässt seine Ausführungen zu dem Thema »Religion und Naturwissenschaften« in den Satz münden: »Hin zu Gott.«[10] Wir müssen unseren Horizont beim Blick auf die Welt erweitern, ein neues Denken und Erkennen zulassen, was wir bisher noch nicht für möglich hielten. Wird die Erkenntnisgrenze nicht durch die Möglichkeiten unseres gegenwärtigen, an den Naturwissenschaften geschulten Denkens vorgegeben? Anders gefragt: Wie müssen wir unsere Erkenntnisorgane verändern oder entfalten, um auch zu neuen Ufern vorzudringen? Die Sehnsucht nach einer erweiterten Erkenntnis gehört zu unserer Zeit, ebenso Angaben über Wege zur Erkenntnis höherer Welten. Schon jetzt lässt sich sagen, dass der Mensch der Moderne an einer Schwelle steht, die ihn erweitern möchte.[11]

---

9 Dürr, Hans-Peter, *Geist, Kosmos und Physik. Gedanken über die Einheit des Lebens*, Amerang [9]2016, S. 33.

10 Dürr, Hans-Peter (Hrsg.), *Physik und Transzendenz*, [2]2012, S. 53.

11 Symptom dieser Krise ist u.a. auch der Sprachverlust, den Hugo von Hofmannsthal in seinem Brief des Lord Chandos zum Ausdruck bringt.

Dazu gehören auch bedeutende biografische Erlebnisse, die vorbereitenden Charakter haben. Wie entstehen die Erkenntnisorgane, die in der Lage sind, in neue Dimensionen zu blicken, was sind ihre Wachstumsbedingungen?

Einschneidende und erweiternde Erkenntnisse sind für das sich entwickelnde Bewusstsein oft (oder ausschließlich?) mit Schmerz und Leid verknüpft. Hier liegt für mich ein Geheimnis vor, das darin besteht, wie über den Umgang mit Schmerz, der ja eine Botschaft mit sich führt, die seelische Wandlung, oder sollte ich sagen: Umstülpung, ermöglicht wird und in die neue Dimension wachsen kann. Was lerne ich im Umgang mit Schmerzen? Was lerne ich im Umgang mit Angst?

Gestatte, liebe Siegrid, dass ich hier auch persönlicher sprechen werde. Die Angst fordert im Moment der Tat eine radikale Konzentration in die Mutgeste hinein, eine Konzentration auf meine Kraft und Tat, eine Konzentration meiner selbst und den Impuls des Absprunges, es zu wagen, in die Situation, die mich fordert, hineinzustoßen und mit meiner Tat vorzudringen. Ich erlebe das stets als eine Schulung meines Willens und als permanente Übung, mich ins Dasein und damit in die Welt zu stellen. Welt zu bejahen, auch wenn Hürden auftreten. Vielleicht kann nur so eine Substanz wachsen, die uns »singen und küssen« (3. Vers) lässt. Denn es entsteht in meiner Seele als Keim oder erste kleine Frucht eine große Beweglichkeit, eine innere Gegenwärtigkeit und Gestaltungskraft, die wir für den künstlerischen Prozess des Singens brauchen. Bleibt noch offen, wovon oder worüber wir singen. Und das Küssen? Es steht für eine intime Liebesgeste, die Lippe als ein von Blut durchpulstes Liebes- und Sprechorgan. Wir brauchen den Mund im Physischen auch, um uns zu begegnen. Ja, es gibt auch die Augenbrücke, aber der Kuss ist vom Innersten kündend von Bedeutung.

Der Umgang mit Schmerz vertieft die Seele und erweitert sie im Hinblick auf ihre Erkenntnisfähigkeiten. Ich erwache in gewissem Sinne, werde bewusster und umgreifender durch die Bildung des Herzraumes, meiner Mitte. Ich kann es noch nicht anders ins Wort bringen, aber ich fühle eine innere Richtung, eine beginnende Qualität, die Augen öffnend sein möchte, Grenzen erweitert und damit auf das Geistige zielend auch die Welterkenntnis mehrt.

> »Der Schmerz ist in seiner Wirklichkeit stärker als ich. Er hat eine Wahrheit. Er lebt sie an mir aus. Ohne mir sein Geheimnis zu verraten, hat er sein Uhrwerk in mir abgelegt. Ich konnte ihn nicht davon abhalten, niemand kann ihn davon abhalten. Ich fange an, ihn zu befragen, seine Sprache auszuforschen und ihn mit meiner Sprache, mit meinen Fragen zu verbinden. [...] Je ruhiger ich ihn hinnehmen kann, desto weniger schlimm erscheint er mir. Sein Beißen, Stechen und Brennen geht so lange, bis ich endgültig weiß, dass ich nicht der Schmerz bin. [...] Jetzt erst verstehe ich, dass mein Rücken wieder lebendig wird, dass der Schmerz mich zur Ordnung, zum Unversehrten zurückführt und dass unter dem Schmerz noch etwas anderes lebt. [...] Was ist hinter der Schmerzmauer? Ich muss gehen. Weitergehen. Nicht im Schmerz bleiben, nicht dort wohnen, keine Zimmer, keine Flure für ihn einrichten. Weitergehen. Auf meinem Weg bin ich Zeuge und Zeugnis in einem.«[12]

---

12 Bodrozić, Marica, *Das Wasser unserer Träume*. Luchterhand, München 2016, S. 148f.

Und der fühlende Blick auf den Menschenbruder verändert sich.

> »Sophie sagte: Das große Geheimnis ist allen offenbart und bleibt ewig unergründlich. Aus Schmerzen wird die neue Welt geboren, und in Tränen wird die Asche zum Trank des ewigen Lebens aufgelöst. In jedem wohnt die himmlische Mutter, um jedes Kind ewig zu gebären. Fühlt ihr die süße Geburt im Klopfen eurer Brust?«[13]

Der Weg führt dann auch über die Situation der Unklarheit, der Unentschiedenheit hinaus in die Möglichkeit zur Wahrheit. Licht und Schatten »gatten« sich zur Klarheit, die immer auch eine Freiheit voraussetzt.

Welche Substanz haben Märchen und Gedichte, dass sie so prädestiniert erscheinen, die ewigen Weltgeschichten aufleuchten und erklingen zu lassen? Das rührt zum einen an die Frage nach der Gattung der künstlerisch gestalteten Sprache und zum anderen an die Qualität des schöpferischen Wortes an sich.

Um die Besonderheit der künstlerisch gestalteten Sprache zu greifen, ist es hilfreich, diese im Unterschied zur Alltagssprache zu betrachten. Dabei wird schnell deutlich, dass die Sprache des Dichters sowohl auf der Inhaltsebene wie auch auf der Formebene gestaltet werden will. Inhalt und Form gehen so eine innige Bindung ein, dass sie sich entsprechen, tragen und in dem Gemeinten verstärken. Der Zusammenklang von Inhalt und Form führt dann in die Dimension des Vorsprachlichen, in die geistige Dimension des Wortes, das nach oben hin offen ist. Ist Sprache aus dieser Quelle geschöpft, wirkt sie lebendig und ernährend.

---

13 Novalis, *Heinrich von Ofterdingen*. Artemis und Winkler, Düsseldorf 2001, S. 305f.

Befragt man Dichter nach ihrem Schaffensprozess, so findet sich oft ein Hinzielen oder Bewusstsein von dieser Dimension.

Patrick Roth arbeitet bewusst mit dem Geheimnis der Nacht, die seine Texte anreichert oder gar erst ermöglicht.

> »Wichtig wurde mir, die Träume nicht nur zu sammeln, zu ordnen, zu interpretieren, sondern handelnd – im Alltag handelnd – auf das so Eingesehene, aus den Träumen Gewonnene, praktisch zu reagieren. [...] Da steht mir etwas gegenüber, über das ich nicht Herr bin. [...] Und handele aus solcher Einsicht auch im Alltag, um beide Welten – beider komplementäre *Wirklichkeit* – wirkend zusammenzuführen und aus dem ehemals Geteilten, Unbewussten, EINES zu machen, dass in mir bewusst wird und bewusst entlang solcher Dialoge sich lebendig entwickelt.«[14]

An anderer Stelle formuliert er:

> »Solche unmittelbare Sicht auf die tiefsten Schichten des Unbewussten wird uns, wenn überhaupt, nur in der Not geöffnet. Oder – das wäre die Sicht vom anderen Ende her – die Not kommt nur, um uns das Not-wendige zu zeigen: jene tiefste Schicht nämlich, unter die es ohne Verlöschen des Bewusstseins nicht geht und insofern ›hält‹ – was uns bewusstwerden kann, auch *ent*hält; wie das Gefäß seinen Stoff. Denn wir sind der Stoff.«[15]

---

14 Roth, Patrick, *Ins Tal der Schatten*. Frankfurter Poetikvorlesung. Suhrkamp, Frankfurt a.M. 2002, S.127.

15 ebenda, S. 122.

Die Schriftstellerin Marica Bodrozić spricht die kosmische Dimension der Sprache und Sprachschöpfung in ihrer 2014 in Wiesbaden gehaltenen Poetikvorlesung deutlich an:

> »Die schöpferische Konzentration duldet keine Ungenauigkeit, sie verwaltet das seltsame Chaos, aus dem wir bestehen und das im Schreiben ein Paradoxon sichtbar macht. Einerseits ist das Chaos nötig, um Dynamik und Hybridität zu mobilisieren, andererseits befindet sich dennoch und ihm zum Trotz eine ästhetische Ordnung darin, sie formiert sich gleichsam darin. Je weiter ich schreibend mein Innenland erobere, desto mehr dringe ich in den Raum des Unbeweisbaren und dann auch der Sterne vor. Einmal hatte ich sogar beim Sitzen vor einem leeren Blatt das Gefühl, unsere Organe seien eigentlich Abgesandte, Symbole der Sterne, die immerzu mit dem weiten Raum des Universums kommunizieren, so, wie ich beim Schreiben Satz für Satz mit dem Alphabet in Beziehung trete.«[16]

In einer Email formulierte Marica Bodrozić mir gegenüber, dass die kosmische Sprache »überaus großzügig« sei. Der Leser künstlerisch gestalteter Texte mag erahnen, aus welchen Brunnen oder Quellen das Geschaffene kommt.

---

16 Bodrozić, Marica, *Das Auge hinter dem Auge. Betrachtungen.* Otto Müller Verlag, Salzburg-Wien 2015, S. 34. »Das Geborensein aus dem Sternenraum ist einerseits ein Sichtbarwerden, andererseits aber auch ein Verstoßenwerden in die Einsamkeit des Körpers, ins Unsagbare, das uns später, traum- und raumweise, Geheimnisse an die Hand gibt, die manchmal, das Rätsel, das wir sind, verdoppeln, wie etwa auch bei Ovid nachzulesen ist, der sagt, das menschliche Antlitz sei geschaffen, um das Licht der Gestirne widerzustrahlen.« (ebenda, S. 34f.)

Wortschöpfung hat nicht nur ihren Ort, sondern immer auch den Aspekt der inneren Verfasstheit des Dichters. In das Bemühen, in das innere Schalewerden oder Emportasten eines Fadens[17] kann sich das Vorsprachliche in das nach oben geöffnete Wort hineinsenken.

> Man soll die Worte sprechen
> Als wären die Himmel geöffnet in ihnen.
> Und als wäre es nicht so,
> dass du das Wort in deinen Mund nimmst,
> sondern als gingest Du in das Wort ein.
> Denn wenn einer wahrhaft in das Wort eingeht,
> so ist es, als schüfe er Himmel und Erde
> und alle Welten von neuem.[18]

Das so gefundene Wort, das schöpferisch gestaltete Wort, hat dann auch seine besondere Wirkung. Menschen in Extremsituationen berichten von der ergreifenden Speisung durch das Wort, das selbst dann Nahrung für den Hörer sein kann, wenn es in einer ihm unbekannten Sprache gesprochen wird. Seine leben- und kraftspendende Wirkung war für viele Menschen in der Gefangenschaft im KZ Lebenswirklichkeit, Jacques Lusseyran berichtet in seinen Aufzeichnungen davon. Was, darf man vielleicht verwundert fragen, wirkt dann eigentlich, wenn die Inhaltsebene für den Hörenden nicht zugänglich ist? Was meint Joseph von Eichendorff, wenn er in seinem Gedicht »Wünschelrute« (1838) schreibt:

---

17 Vgl. dazu Paul Celan, »Sprich auch du«, in: Beda Allemann (Hrsg.), Paul Celan, *Ausgewählte Gedichte. Zwei Reden.* Suhrkamp, Frankfurt a.M., 1990, S. 151f.

18 Zitiert nach: Buber, Martin, *Die Legende des Baalschem.* Manesse Verlag, Zürich / München 2001.

Schläft ein Lied in allen Dingen,
Die da träumen fort und fort,
Und die Welt hebt an zu singen,
Triffst du nur das Zauberwort.[19]

Welche Kraft lebt in dem lebendigen Wort?
Novalis lässt seinen Text enden (Z11):

»Dann fliegt vor einem geheimen Wort
Das ganze verkehrte Wesen fort.«

Ein Sieg der Wahrheit über das verkehrte Wesen. Ein dynamischer Vorgang. Das »geheime« Wort wird zum Schlüssel, der den Weg zur Wahrheit freimachen, öffnen kann. Gemeint ist sicher nicht nur das dichterische Wort, Poesie im engeren Sinne. Novalis weitet den Begriff in die Dimension des Menschgemäßen überhaupt:

> »Es ist recht übel [...], dass die Poesie einen besonderen Namen hat, und die Dichter eine besondere Zunft ausmachen. Es ist gar nichts Besonderes. Es ist die eigentümliche Handlungsweise des menschlichen Geistes. Dichtet und trachtet nicht jeder Mensch in jeder Minute?«[20]

Und über den Ursprung der Poesie wird an gleicher Stelle formuliert:

19 Eichendorff, Joseph von, »Wünschelrute«, in: Hanspeter Brode (Hrsg.), *Deutsche Lyrik. Eine Anthologie*. Suhrkamp, Frankfurt a.M., 1990, S. 173.

20 Novalis, *Heinrich von Ofterdingen*, S. 276.

> »Die Sprache [...] ist wirklich eine kleine Welt von Zeichen und Tönen. Wie der Mensch sie beherrscht, so möchte er gerne die große Welt beherrschen und sich frei darin ausdrücken können. Und eben in dieser Freude, das, was außer der Welt ist, in ihr zu offenbaren, das tun zu können, was eigentlich der ursprüngliche Trieb unseres Daseins ist, liegt der Ursprung der Poesie.«[21]

Das eine geheime Wort ist demnach die Poesie als das umfassend Menschgemäße im Denken, Fühlen und Wollen. Es ist nicht als ein isoliertes Ergebnis aus dem Bereich der Kunst zu verstehen. Aber das künstlerische Element soll als das Menschgemäße alles Tun durchdringen. Was ist das Anliegen der Anthroposophie? Die Frage drängt sich mir hier auf! Vieles klingt vertraut. Zurück zum Gedicht. Ist im Hinblick auf die Formulierung hier am Ende wirklich an nur *ein Wort* zu denken? Und wenn ja, welches Wort ist dann »das geheime«? Welches ist der Schlüssel? Ist es die Liebe, die brückenbauende und Leben schenkende Kraft? Sie vermag die Dinge aus ihrem Verkehrtsein zu befreien und in die Mitte zu stellen, auf die Füße. Es ist die Christussubstanz, die wesensbejahende und schaffende, die aus Liebe zum Menschen selbst Mensch auf der Erde geworden ist und in uns erstehen möchte.

Wörter und Worte haben immer ihre Wirkung, in beide Richtungen. Und das Wort steht auch am Schöpfungsbeginn:

> *Im Urbeginne war das Wort,*
> *Und das Wort war bei Gott,*
> *und ein göttliches Wesen war das Wort.*

21 ebenda, S. 275.

Dieses war im Urbeginne bei Gott.
Durch es sind alle Dinge geworden,
und nichts von allem Entstandenem ist anders als durch das Wort geworden.
In ihm war das Leben,
und das Leben war das Licht der Menschen.[22]

Die schöpferische Logoskraft des Wortes ist ein Geheimnis und mir zur Frage geworden. In der Eurythmie hat Rudolf Steiner Sprache sichtbar werden lassen. Weltweit schätzen Patienten die heilende Kraft der Heileurythmie. Chirophonetik und Sprachgestaltung gehen jeweils eigene Wege mit dem Wort als Therapie für unterschiedlichste Krankheitsbilder. Sprache als erschaffende oder ermöglichende und impulsgebende Kraft.

Meine eigene Erfahrung mit dem Wort ist, wenn auch anfänglich differenziert, noch begrenzt. Worte haben in manchen Gesprächssituationen eine große Kraft. Sie lösen Knoten und öffnen Seelen. Berührend, welche Verhärtungen dann in Bewegung kommen!

Was ist mein weiterer Weg zu der tieferen Wirklichkeit des Wortes? Ich erlebe anfänglich die ordnende und kraftspendende Wirkung von Sprüchen und Worten des Gebets im alltäglichen Leben oder Situationen des Ausgesetztseins und der inneren Not. Eine substanzielle Wirklichkeit wird für mich dann erfahrbar. Und das ist wohl auch meine Spur: Das Leben selbst möchte mich in die Wirklichkeit des Wortes führen. Denn sie ist keine Theorie.

Das Wort als wundersames Werkzeug will gefunden werden. Höret! Die Krankheit ist mir Wegweiser.

---

22 Das Johannesevangelium, Prolog, aus: *Das Neue Testament*. In der Übersetzung von Emil Bock. Stuttgart, Urachhaus [5]2020, S. 224.

Dir, Siegrid, danke ich für diese wunderbare Aufgabe, innezuhalten und mich zu fragen, was ich verstanden habe.

Ich taste.

Dein Martin

Hat das so verstandene Wort auch eine Lichtkraft, die uns im Licht des Sonnenaufganges berührt?

In der Parkinson-Spezialklinik

Sie kennen das: Man ist krank und lebt oder leidet mit seiner Krankheit. Die anderen haben die Idee für eine Besserung, haben die Lösung. Und reden mit allen inhaltlichen Argumenten und rhetorischen Mitteln der Überzeugung auf mich ein. Wollte ich das alles umsetzen, so hätte ich jetzt irgendwo im Haus (mindestens) einen Topf mit Cannabis stehen. Selbst ein bekannter Schweizer Pianist, dem Parkinson langsam die Beweglichkeit seiner Finger raubt, schwört in einem Interview von Deutschlandradio Kultur auf die geliebte Drogentherapie. In meinem Ohr wäre (den Gedanken der chinesischen Heilkunst gemäß und im Westen der Bundesrepublik in Meerbusch eingesetzt) ein Stäbchen als Akupunkturnadel (auch nicht unter 1000 Euro). Grüntee und ein ganzes Sortiment an homöopathischer Medizin füllen meinen Schrank auch jetzt schon. Gegenüber der Letzteren habe ich mich nicht verschlossen, nehme Pulver und Kügelchen zuverlässig ein und reflektiere die Wirkung. Und natürlich der Hinweis: »Du musst mal vierzehn Tage in eine Parkinsonklinik. Lass dich dort durchchecken und gründlich neu einstellen.«

Ich trat mit dieser Idee vor meinen Neurologen Dr. René – und ich brauchte nicht lange, um aus seinen Gesichtszügen, die von keinem Feuer der Begeisterung erhellt wurden, eine eher gelassen-gleichgültige Haltung zu meinem Vorschlag zu lesen. Dennoch war er willens, mir die für eine Einweisung notwendigen Dokumente schnell zukommen zu lassen.

Derart ausgerüstet stand ich recht bald vor dem Eingangsportal der Parkinson-Klinik im Südschwarzwald. Das Haus hat Betten für rund 70 Patienten und Dr. A., Facharzt für Tierheilkunde, war schnell als mein Zimmergenosse im Zweibettzimmer ausgemacht. Koffer auspacken und erstes Abtasten im Gespräch. Ich richte mich in meinem Winkel ein, eine kleine Kulturinsel entsteht mit einer Kunstpostkarte und gefundenen Steinen aus dem Wald. Das Pflegepersonal ist aufmerksam und nett, ebenso offen auch die täglich vorbeischauende Reinigungskraft.

Dagegen fällt der Chefarzt und Leiter der Klinik spürbar ab. Als er meinen Medikamentenplan eingesehen hat, stellt er mich angesichts der homöopathischen Arzneien zur Rede. Ob ich wirklich noch zu Beginn des 21. Jahrhunderts an diesen unwissenschaftlichen Trug glaube. Da sei doch die Forschung deutlich weiter. Ich argumentiere vorsichtig dagegen, weil ich überzeugt bin von der Wirkweise der Kügelchen und von D12 oder D20. Der Chefarzt schüttelt den Kopf, in diesem seinem Hause müsse ich mich entscheiden – übers Wochenende habe ich Zeit. Ich fühle mich an das Auftreten der Inquisition erinnert, spiegle ihm meine Fragen an die Form seiner Ausführungen und erkläre mich dann aber doch bereit, mich der reinen naturwissenschaftlichen Lehre zuzuwenden, solange ich Patient in seinem Hause bin. Danach …

Ich werde also stramm vermessen, untersucht und gewogen und anschließend mit neuer Medizin – nicht mehr den roten Pillen, sondern jetzt mit einem Pflaster mit neuem Wirkstoff – ausgestattet. Ich nehme alles geduldig an, verbessert hat es nichts, im Gegenteil, zwei Wochen nach der Entlassung aus der Klinik bin ich in einem schlechten, ja bedenklichen Zustand, der nach Umstellung ruft. Zu Hause fragt mein Arzt mich – und ich meine einen leichten leidend-besserwisserischen Unterton herauszuhören –, ob wir jetzt wieder die alte Medizin auffahren könnten. Ich habe keine Argumente dagegen und tue, wie geheißen.

War also der Aufenthalt in W. gescheitert? Wirklich? Nein. Das, was mir blieb und sehr wertvoll ist, ist etwas anderes. Nicht Medizin, Bewegungstherapie oder Service, es waren die Menschen. Eine besondere Atmosphäre war mit dem Haus verbunden. Hier lebten, litten und arbeiteten etwa 70 Parkinsonpatienten im meist deutlich fortgeschrittenen Stadium. Das Schicksal hat uns allen eine Aufgabe und gleiches ›Material‹ zukommen lassen, wenn auch in unterschiedlichen Schwierigkeitsgraden. Mir ging es hier noch verhältnismäßig gut.

Morgens und abends war ich mit meinem Bettnachbarn A. häufig im Gespräch über unsere seelischen Befindlichkeiten oder über Fragen, die auf den Zusammenhang von Hormon und Selbstverständnis der Persönlichkeit zielten. A. war transsexuell. Also stand nicht selten die Frage im Raum, ob er sich heute Morgen mehr als Mann oder eben doch als Frau fühle. Ein Selbstversuch im fernen Wien als Frau in der Öffentlichkeit, unerkannt, lag schon hinter ihm. A. zog immer wieder, seinem künstlerischen Impuls gemäß, (digitale) Werkzeuge heran, um seine Situation zu gestalten, sei es in Wort oder Bild. Später gab es dann eine kleine Ausstellung in der Klinik. Er war ein feiner Veterinär, der es im Leben nicht leicht hatte und so verschiedene Wege ausprobierte.

Der Wechsel kam nach einer Woche, A. wurde entlassen und W. war nun der neue Zimmergenosse, der es sich schon ab Mittag zur Gewohnheit machte, Musik von Bands wie »Lake« oder »10cc« zu hören oder im Fernsehen Sender wie RTL oder Phoenix flimmern ließ. Ich nahm sehr schnell wahr, dass er damit versuchte, seine überlauten inneren Stimmen zu übertönen. Ich gab ihm die Anregung, Tagebuch zu schreiben, um so die Möglichkeit eines Innehaltens und einer Distanz zu bekommen, denn das ist die Voraussetzung, um Bewusstsein zu bilden.

Unvergessen sind auch zahlreiche Begegnungen mit meinen Tischnachbarn während der Mahlzeiten. Wir aßen stets in identischer Besetzung. K.-H., L. und F. L. war beruflich Konditor gewesen, und eine Grundvoraussetzung für diesen Beruf lebte er auch heute noch: Er aß herzlich gerne, und das aus dem Vollen schöpfend. Sein beidseitiger Tremor war aber so stark, dass er ohne Hilfe fast nicht essen konnte. Sowohl sein Teller wie auch das nächste umliegende Stück Land waren in kürzester Zeit in ein Schlachtfeld verwandelt. Wir schmierten ihm schon die Brote, aber nichts von dem dargereichten fand unbeschädigt den Weg in seinen Mund. Es war für L. eine sehr mühevolle Arbeit. Essen nicht als Genuss, sondern als anstrengende Tat. Wenn er fertig war, stand L. kurz danach auf und verkündete mit leuchtenden Augen, die voller Wärme waren, er gehe jetzt auf sein Zimmer. Sein Königreich. Die Mahlzeit hatte er also völlig souverän und unbeschadet überstanden.

Mir gegenüber saß der Architekt K.-H. Er fuhr noch selbst Auto, obwohl er schon einmal auf eine große Ampelkreuzung zugefahren war und plötzlich den Aufschrei seiner Frau vernahm, er müsse doch jetzt bremsen, es sei Rot! Was seine Frau nicht wusste: In diesem Moment gehorchte sein Fuß ihm nicht. Er kam unbeschadet über die große Kreuzung bei Rot. In einem halben Jahr will er den Führerschein abgeben. Möge sein Bein ihm gehorchen!

Eindringlich war auch des Architekten Begegnung mit einem Studienfreund, den er über 35 Jahre nicht gesehen hatte, und von dem er nicht wusste, dass er ebenso im Parkinson steckte. Die beiden ehemaligen Studenten rangen um Formulierungen, um das Erlebte in eigene Worte zu kleiden.

In Erinnerung geblieben ist mir auch ein kurzes Gespräch auf dem Gang der Klinik mit einem Patienten, der mit seinem Körper in den Rollator geflochten war. Auf die Frage hin, wie es ihm heute Morgen gehe, antwortete: »Gut. Das andere ergibt sich ja im Tun.«

Und hier liegt der Schlüssel: Parkinson heißt: immer wieder geduldig und kraftvoll den Willen zu schulen. Widerstände anzunehmen und zu überwinden! Die Fachklinik wird zum heiligen Ort, weil die Menschen dort im Umgang mit der Krankheit unentwegt Auferstehungskräfte betätigen müssen, die das Schwere und Erstarrte in die Leichte heben können. Nicht selten liegt der Schlüssel aber im Loslassen, doch davon später mehr.

So bleibt meine Empfehlung am Ende stehen: Suchen Sie ruhig eine solche Klinik auf. Und auch wenn mit der neuen Therapie keine Verbesserung eintreten sollte, die Erfahrung mit den Patienten ist es wert. Ein Goldschatz, den man in Händen hält. Manch einer hier hat mir wohl auch meine Zukunft gezeigt und die Kraft, mit der dieses Kommende zu gestalten ist. Nicht explizit, aber sichtbar geworden für den, der ahnen will.

Briefe an Siegrid II
Paul Celan »SPRICH AUCH DU«

Einladung zu einem Gedankenspaziergang

Mit Blick auf ein Gedicht von Paul Celan können Aspekte des bisher Gelesenen wiedergefunden und ergänzt werden. Das Gedicht öffnet eigene Räume des Verstehens, kreist in seiner Thematik um die notwendige Bewusstwerdung und Wandlung, die der »Geburt des Sterns« im Wort des Sprechenden vorangehen müssen, um Wahrwort zu werden. Solche Gedanken wie oben angedeutet verlieren von ihrem Gehalt, wenn man sie zu straff und zu streng in das Korsett einer Begrifflichkeit unserer Sprache stopfen möchte. Die Worte erweisen sich als zu sperrig, ja manches Mal erlebt man die Verkürzung als so gravierend, dass eine Beziehung zwischen Inhalt und Form des Wortes gestört bleibt.

Liebe Siegrid,

heute schreibe ich dir mit der Bitte, mir auf meinem Gedankenspaziergang zu Paul Celans Gedicht

»SPRICH AUCH DU«

zu folgen.

Der Akt des Sprechens ist uns Menschen als mit Sprache begabte Wesen vertraut. Wir sprechen selbstverständlich und nutzen diese Tätigkeit zur Verständigung, wenn auch ein Verstehen sich nicht immer selbstverständlich einstellt. Dann bedarf es eben noch weiterer Worte, Alltag unserer Kommunikation. Der Sprechakt unterliegt verschiedenen Bedingungen und Voraussetzungen, und in manchen Situationen hat er eine existenzielle Dimension: Wie kann man sich als Brautpaar vor dem Altar stehend hinsehnen zu diesem kurzen Wort »Ja!«

In seinem 1955 erschienenen Band *Von Schwelle zu Schwelle* findet sich das folgende Gedicht Paul Celans:[23]

SPRICH AUCH DU

Sprich auch du,
sprich als letzter,
sag deinen Spruch.

Sprich –
Doch scheide das Nein nicht vom Ja.
Gib deinem Spruch auch den Sinn:
Gib ihm den Schatten.

23 Celan, Paul, »Sprich auch du«, in: Beda Allemann (Hrsg.), a.a.O., S. 151

Gib ihm Schatten genug,
gib ihm so viel,
als du um dich verteilt weißt zwischen
Mittnacht und Mittag und Mittnacht.

Blicke umher:
sieh, wie`s lebendig wird rings –
Beim Tode! Lebendig!
Wahr spricht, wer Schatten spricht.
Nun aber schrumpft der Ort, wo du stehst:
Wohin jetzt, Schattenentblößter, wohin?
Steige. Taste empor.
Dünner wirst du, unkenntlicher, feiner!
Feiner: ein Faden,
an dem er herab will, der Stern:
um unten zu schwimmen, unten,
wo er sich schimmern sieht: in der Dünung
wandernder Worte.

Das Gedicht, das ich als Ausgangspunkt einer freien Betrachtung nehmen möchte, beginnt mit einer Aufforderung, welche die zentrale Tätigkeit, um die es im Gedicht geht, nennt: die Aufforderung zu sprechen. Die doppelte Wiederholung der Aufforderung führt eine Präzisierung des Gemeinten mit sich: Das Du möge als Letzter sprechen, uns seinen Spruch sagen. Ein eindringlicher Auftakt, der auch noch im nächsten Abschnitt (Vers 4) seine Fortsetzung findet, indem das Wort »Sprich« eine eigene Zeile bekommt und den zu erwartenden Inhalt genauer umreißt, ihm Kontur gibt. In welche Situation ist das Du gestellt, wenn es als Letzter sprechen soll? (Vers 2) Wer spricht zuvor, und in welchen Kontext ist das Sprechen eingebunden? Welche Qualität hat das Sprechen als Letzter? Was ist ein Spruch? Mein Spruch? Jeder von uns hat sich vielleicht schon einmal diese Frage gestellt: Wie lautet der Spruch, das Leitthema meines Lebens? Oder der Spruch der Woche, kürzer: meines Tages?

Welch tiefe Dimension kann das annehmen, wenn man sich ein solches Sprechen im Sterbemoment, auf dem Totenbett liegend, dem sich ein Ohr entgegen neigt, vorstellt? Ein Bekenntnis oder Geständnis, Wahrheit oder Liebe, Verzeihen.[24] Wir dürfen weiter fragen, wer denn ein Du, ein Gegenüber überhaupt auffordern darf zu sprechen? Vielleicht müssen wir hier den Vorgang nach innen ziehen und uns einen Dialog des Menschen mit einer höheren Instanz im eigenen Innenraum vorstellen. Gewissensstimmen.

Auf der Inhaltsebene fordert der Sprechende das Du auf, das »Ja« nicht vom »Nein« zu trennen. Einerseits kann damit auf eine Unentschiedenheit im Moment der Entscheidung verwiesen werden, andererseits wird damit die Komplexität der Welt umrissen. Die Dinge haben häufig zwei Seiten, die sich sogar polar oder paradox zueinander verhalten können – eine Lebenserfahrung, die sich schnell einstellt.

Celan entfaltet in seinem Gedicht ein Geflecht von Beziehungen. So wird das Sprechen jetzt mit dem Sinn verknüpft, und Sinn und Schatten werden des Weiteren als zusammengehörig gesehen. Das Element der Wiederholung unterstreicht die Zusammengehörigkeit (Vers 6–8). Der Spruch, den das lyrische Ich einfordert, soll so viel Schatten, man könnte auch Sinn sagen, mit sich führen, wie es notwendig ist für die spätere Weitung des Wortraumes, für die Begegnung mit dem Stern.

Und wie verhält es sich mit den Zeitangaben? Was ist das Besondere der Mitternachtsstunde und des Mittags? In der Nacht kommen aus der Tiefe der Seele Kräfte und Bilder ins Bewusst-

24 Vgl. dazu Wiesenthal, Simon, *Die Sonnenblume. Eine Erzählung von Schuld und Vergebung*. Suhrkamp, Frankfurt a.M. 1989.

sein, die sich im Schein des Tageslichts und der Sinneseindrücke nicht in den Vordergrund spielen. Die Seele hat zur Nachtzeit eine Offenheit, die sie gleichzeitig auch angreifbar macht. Tagsüber muss sich die suchende Seele diese Dimension bewusst herholen und aufsuchen. Das geht dann nur über die Stille, über den Herzraum. Aber offensichtlich bekommt der so Aufmerkende etwas durch die Nacht an die Hand gegeben, mit dem er auch arbeiten kann. Auf seinen Dichterlesungen betont der Schriftsteller Patrick Roth beispielsweise häufig den Gewinn durch die Gaben der Nacht für seinen Schaffensprozess als Autor. Anschaulich weiß er dann zu schildern, wie er verschiedene Techniken ausprobiert, um die Traumsequenzen hinüber ins Tagesbewusstsein zu retten. In seiner Frankfurter Poetikvorlesung (2002) spricht er von der Wichtigkeit dieser Bemühungen um die Gaben der Nacht.[25]

Celan dagegen stellt den Mittag auch optisch in die Mitte seiner Dreierfigur, betonend den Höchststand der Sonne, der der Scheitelpunkt der Bewegung ist, die aus der Nacht *kommt* und wieder in die Nacht *eingehen wird*. Der Schatten selbst, den die Dinge werfen, ist zu dieser Tageszeit am kleinsten, und die Sonne selbst ist von größter Strahlkraft.

Ab Vers 12 wird das Du aufgefordert, sich umzuschauen, in die Welt zu blicken. Die neue Blickrichtung verweist auf das Lebendige, das sofort in den Gegensatz von Leben und Tod gestellt wird. »Beim Tode! Lebendig!« (Vers 14). Das Bedeutungsgeflecht um das Wort »Schatten« erweitert sich um die Qualität von »wahr«. Ja, wir haben eine Selbstwahrnehmung, und dem Ich gegenübergestellt, um uns herum, ist die Welt. In dieser finden wir uns vor, manch einer erlebt es als ein Geworfensein, wie in eine Fremde. Vielleicht ist diese Einschätzung oder die-

---

25 Roth, Patrick, *Ins Tal der Schatten, Frankfurter Poetikvorlesung*, Suhrkamp Frankfurt a.M. 2002, S. 127

ses Grundgefühl abhängig und eingefärbt von dem jeweiligen Schicksal oder der Möglichkeit, Sinnstiftendes zu erfahren. Das Leben auf der Erde lässt uns ja ganz verschiedene Erfahrungen der Einsamkeit, Not, Sehnsucht oder der Freude und Liebe machen. Als Individuum in Freiheit, die es aber erst zu schaffen gilt. Die Fallstricke der inneren Fesselung und Täuschungen liegen ja überall. Aber auch das Rettende ist nah, stets von Neuem erlebbar.

Nun ist das Gemeinte in den Versen 12 bis 15 aber konkreter, weniger allgemein zu verstehen, weil es auf den letzten Abschnitt, den letzten Schritt des beschriebenen inneren Vorgangs zu beziehen ist. Unterstrichen wird das durch das Wort »wird« (Ver 13). Es wird lebendig, beim Tode. Warum sind Tod und Leben so nah beieinander? Der Tod ist eine Erfahrung, eine Transformation in eine neue Dimension (und hier liegen mir die drei Begriffe wie Steine im Magen), die es nur für den Menschen auf der Erde gibt. Als wertvolle Erfahrung. Überall dort, wo Todesprozesse eintreten für den Menschen, muss er damit umgehen und Aufrichtekräfte – das sind gesteigerte, weil selbst hervorgebrachte Lebenskräfte – versuchen entgegenzusetzen. Diese wirken nach oben, das Schwere und Absterbende in die Leichte und in das Leben führend. Das ist ein innerer Vorgang, eine Tat, die täglich von den Menschen zu verrichten ist. Und was ich dem Leben so abgerungen, nach oben geführt und in der eigenen (Herz-) Mitte gewandelt habe, ist eine neue Substanz, ist Zukunft. Im Bildgeflecht des Gedichtes: Es ist Schatten, der Sinn.

Novalis formuliert:

»Wir sind auf einer Mission: Zur Bildung der Erde sind wir berufen.«

Die Erde, der Mensch muss von uns geschaffen werden. Das gelingt nur, wenn wir uns verwandeln. Für die Begegnung mit dem Stern, der von oben herab will, in uns, müssen wir sprechen aus dem Nichts, aus dem Todespunkt heraustreten, indem wir ein Faden werden, feiner, und alles ermöglichen. In Hingabe und Liebe. Und vielleicht ist diese starke, selbstbewusste Selbstlosigkeit der Quellort der Liebe. Das Sich-Öffnen für die Begegnung und das Sorgetragen für das andere Wesen. Wesen bejahend, Leben fördernd. Der Stern will in das Wort. In das Wort, das dann – sternbegabt – schöpferisch sein kann. Als Modelle in diesem Sinne ist der erste Vers zu verstehen. Sprechen ist nicht einfach eine Frage von Sender-Empfänger-Modellen, sondern die Aufforderung »Sprich auch du« meint das Sternwerden im Wort, im gesprochenen Wort. Ein kostbarer und seltener Moment, oft bleiben wir noch im Brachland unserer Begrenztheiten stecken. Sprechen als schöpferischer Akt des wahren Wortes erinnert dann auch an den Urbeginn:

»Im Urbeginne war das Wort«, wie es im Johannes-Evangelium heißt.

Es gilt aber nur ein Bemühen und Ringen auf dem Weg nach innen, wo wir immer wieder aufgerufen werden, nicht nur aus der Stille der Herzkammer, sondern auch aus dem täglichen Leben heraus Sternenworte zu finden. Für den Mitmenschen und für die Erde. Dann sind wir im Sinne unserer Mission unterwegs. Himmel und Erde wollen durch uns Einheit werden.

Das Sprechen als tiefgreifender Prozess der Wandlung ist in seinen Schritten existentiell radikal: Unter meinen Füßen schrumpft der Ort, sodass die Frage entsteht: »Wohin jetzt?«

Innerlich und vielleicht auch äußerlich bin ich der Heimat enthoben, das tragende Fundament des Lebensgefüges »schrumpft«. Es schrumpft in dem Maße, dass ein Bleiben nicht möglich erscheint, sondern allein das Oben als einzig zielführende Bewegungsrichtung bleibt. Raumgewinn im Vorwärtstasten und Fadenwerden. Wie fein und doch belastbar ist ein Faden, an dem der Stern herab will. Wir kennen vielleicht diese innere Situation, in der darum gerungen wird, im Prozess zu bleiben und dem Leben Aufschwungskräfte, Lichtkräfte zu schenken. Nur dann kann sich auch der Stern auf den Weg machen, um sich im Wort einzuwohnen.

Wenn man auf den ersten und letzten Vers blickt, wird der Rahmen sichtbar:

> »Sprich auch du (...) in der Dünung / wandernder Worte«.

Der Forderung eines chassidischen Gelehrten, der Wort, Raum und Himmel ineinander stellt, gilt es nachzueifern.

Die Vorstellung der Romantiker – »schläft ein Lied in allen Dingen« – klingt hier wieder an. Was für eine Zukunft steht den Menschen dann gegenüber! Eine lebendige, geistige Zukunft. Eine sprechende.

In Celans Text steht das Wort nicht still, es bleibt in Bewegung und im Zusammenhang mit »der Dünung wandernder Worte« (Vers 23f.). Celan ruft hier dem Leser ein Wasserbild ins Bewusstsein, und die Wellenbewegung der Worte impliziert auch eine Tiefe, an deren Oberfläche das Schimmern des Sterns sichtbar wird. Die sternbegabten Worte sind schimmerndes Geheimnis der Tiefe, wer vermag sie auszuloten, in Bewegung bleibend? Die letzten beiden Worte haben nicht nur dadurch eine Sonderstellung, dass sie abgesetzt einen eigenen Vers bilden, sondern auch durch ihre Zusammengehörigkeit.

Das schöpferische Wort ist in diesem Sinne *unterwegs*, steht nicht still, abgegriffen, verbraucht und zerredet zwischen den Zähnen. Das Lebendige ist auch immer ein Bewegungsvorgang. Und Wandern öffnet den Raum für Weltbegegnung. Was will der

Stern, der am Faden herabkommt, seinen Weg über den Menschen sucht, sagen? Wie lautet seine Botschaft? Es sind diese Wege nach innen beschwerliche und wandelnde oder gar umstülpende Prozesse, die Substanz bildend nicht nur für den Einzelnen, sondern auch von Wichtigkeit für die Gemeinschaft sind. Denn ist das Neue, die gewonnene Fähigkeit, erst einmal geboren, kommt es auch zu Begegnungen, in denen diese neue Qualität gebraucht und abgerufen wird. Das »Sprich auch du« findet nicht im isolierten, schalldichten Raum ohne Hören statt, sondern es wird im Innenraum geboren und strebt der Bestimmung gemäß in die Gemeinschaft. Ein Innengespräch. Oder anders: Es spricht der Mensch zum Menschenbruder.

Picasso bringt es auf den Punkt

Dass Begegnungen mit anderen Menschen oft nicht beliebig oder zufällig sind, sondern wie herbeigeführt wirken können, habe ich oft erlebt, nicht nur im Museum zu Basel. Und doch fand dort eine Begegnung statt, die in meinen Augen von besonders sprechender Natur war.

Ein junges Licht schenkt seine erste Wärme den Menschen auf der Alb. Es ist noch früh im Jahr, und die Luft durchzieht eine Kälte des abklingenden Winters. Alles atmet tief auf, will aufbrechen. Zögerliche Schritte auf dem Weg in den Sommer hat die Natur bereits getan. Die Kastanie hat ihre vor Wollust berstende Knospe schon geöffnet und gibt dem Betrachter den Blick auf den werdenden Blütenstand frei. Im ersten Moment dieses Prozesses scheinen die Knospen Arme zu haben, die das Innere zögernd öffnen, gelockt von der Wärme. Tänzer aus Zweigen, ein Himmel voller Gestalten rührt sich: Ritter, Eurythmisten, Tänzer oder Engel, die sich aus ihrer Enge in den Raum entfalten. Wer Augen hat, der sieht. Ein Zauber liegt über dem Baum.

55 Jahre drängen sich in meiner Biografie zwischen meiner Kleinkindkur in Egmond aan Zee in Holland und der Picasso-Ausstellung in Basel-Riehen. Wieder ruft hier die Fondation Beyeler mit einer breiten Bilderfülle von bestechender Qualität. Uns erwartet das Frühwerk des Meisters, Picasso, der in dieser Periode vornehmlich in Blau und Rot malt. Picasso wendet sich in dieser Zeit den Menschen am Rande der Gesellschaft zu. Was sie verbindet, ist die Angelwunde ihrer Existenz, mit deren Haken, einmal geschluckt, sie leben müssen. Eine tiefe Melancholie liegt auf den Figuren: die Alkoholikerin, der Blinde, der verarmte Mistelverkäufer mit seinem Sohn oder die Menschen aus dem

Kreis des Zirkus, Harlekin und Clown – Menschen die die Spanne zwischen Lachen und Weinen noch größer werden lassen.

Aber Tränen sind nicht zu sehen, sondern geschlossene Augen oder dieser lastende Blick, schmerzumhüllt, als fordere das Leben aus der Wunde eine täglich neue Vermessung und Ausschreitung des Wundraumes. Leiden am Leben.

Und doch: Es geht von diesen Figuren eine Helligkeit aus, sie leuchtet aus ihrem Innern auf, die trägt. Man hat den Eindruck, die Menschen sind nicht ihrer Würde beraubt – und es kommt mir die Frage nach dem geheimnisvollen Zusammenhang von Schmerz und Entwicklung. Warum immer wieder dieser Gang zu dem Schmerzbrunnen, um sein brackiges Wasser zu trinken? Warum fließen auf Picassos Bildern keine Tränen? Ist das schon zu viel an Erlösung und Lockerung vom Dornenschmerz?

Christian, ein Arzt und enger Freund, steuert seinen neuen Wagen geschickt, seine Wahl fiel auf ein französisches Modell, passend, fahren wir doch den Rhein hinauf, entlang der französischen Grenze. Rechts die Vogesen und links der Schwarzwald, deutlich verschieden voneinander. So ist vielleicht auch die Verschiedenheit der Volksseelen nicht mehr ganz so erstaunlich. Welchen Anteil an der sozialen Prägung haben der Lebensraum, Sonne, Luft, Licht, Erde und Wasser? Gedanken, die in mir vorbeifliegen wie die Baustellenschilder. Vorsicht! Unebenheiten auf dem Boden, Engführung, Geschwindigkeitsbegrenzung auf 80 km/h oder weniger. Das Fahren hier ist anstrengender. Nicht wegen der Blicke von Auto zu Auto, sondern wegen der räumlichen Nähe zu den Fremden. Was kann man in der Kürze des Momentes der Begegnung von Auto zu Auto sehen und austauschen! Den verschreckten Blick vom Handy auf – *Ha, erwischt!* – oder das Von-oben-herunter-Blicken der SUV-Fahrer, die sich ihrer erträumten, nicht nur räumlichen Erhöhung bewusst sind. Immer wieder gelingt es einem solch abwertenden Blick aus den Höhen seines Dünkels im Handumdrehen aus meiner warmherzigen Ehefrau eine Furie zu machen. Dann bin ich heilfroh, dass kein Messer griffbereit liegt, und ich erahne unschwer ihre Gedanken, aus den dunkleren Farbtöpfen gemalt: Es müsse doch möglich sein, den Moment der gleichen Höhe beider Autos so kreativ-gerecht zu nutzen (»Ja, meine Rente wird sich einmal auf nur 790 Euro beschränken«, presst sie noch hervor), dass dem SUV-chen mit einem gezielten Stich die Luft aus Reifen und Backen entweicht. Ich meine noch im zweiten Hinblicken das Feuer der Brüderlichkeit im Wirtschaftsleben, germanisch-hochtemperiert, in den Augen meiner Nebensitzerin zu sehen. Was habe ich da alles mitgeheiratet? Hier auf den Punkt gebracht, bereit für den Dolchstoß. Ist es noch ein französischer Fahrer? Ich denke, komm Ele, lass sie ziehen, sie müssen auch ihren Weg finden. Wie viele SUVs fahren eigentlich in meiner Seele herum? Wo brauche ich diesen gepolsterten Hochsitz? Noch ein Blick hinüber: Es ist ein Deutscher.

Ich merke, dass ich durch die Krankheit einen veränderten Blick auf die Menschen und ihr Verhalten einnehme. Aber nicht nur ich unterliege der Wandlung, auch die mir Nahestehenden: Freunde und besonders die Familie.

Christian und seine Frau Ariane haben als Mediziner ein feines Verständnis für den Anderen. So werde ich von ihnen selbstverständlich mit dem Auto bis an die Pforten des Museums gefahren, das mit seiner schönen, unaufdringlichen Architektur in angrenzende Wiesen- und Auenlandschaft gebettet ist. Das Kassenhäuschen können wir rechts liegen lassen, die vorbestellten Karten in der Hand. Dann Einlasskontrolle. An der Sperre kommen mir Ströme von Menschen entgegen. Ich rüste und bereite mich innerlich vor, denn die Toiletten am anderen Ende muss ich noch erreichen. Ein Gefühl der Enge und drohenden Instabilität überkommt mich. Die Autofahrt war schon fordernd. Vergeblich sehe ich mich nach einem Stuhl um. Also gilt es weiterzugehen. Innerlich zentrieren, sammeln, um aus meinem Punkt heraus auf die Situation zuzugehen. Unabhängig von der Kraft des Gegenstromes der Menschen. Gabriele schlägt vor, einen Rollstuhl zu holen. Eine gute Lösung für meine Not. Noch einmal im Gedränge warten, dann kommt sie mit dem Gefährt zurück.

Ich nehme Platz, schon bekomme ich Schub und wir suchen uns einen Weg zu den Bildern. Meine Perspektive ist noch neu für mich: Menschen vor mir, Rücken an Rücken, Po und Beine, von unten gesehen. Weiter oben die Schultern und das Haupt. Wie verschieden die Menschen sind! Reglos sitze ich eingepfercht in dem mir noch fremden Stuhl, wenig Sinn für die Kunst, denn es zieht sich zu in meiner Seele. Die »Blaue Periode« Picassos unterstützt mit den vom Schicksal gezeichneten Figuren meine innere Brüchigkeit. Der Rollstuhl wird in diesem Moment für mich zum Symbol der Bewegungslosigkeit, eine Lebensfalle! Ich sitze hier und komme alleine nicht weiter, nicht aus der Situation heraus. Gefangen, lebensfern und fremd, isoliert.

Ich bitte meine Frau, die ihre mitfühlende Bestürzung kaum verbergen kann, mich zur Glasfront zu schieben, damit ich eine kurze Auszeit, einen Ausblick durch die Glasfront haben kann. Die Augen mögen mir einen Weg aus der Enge zeigen! Licht, Sonnenglanz und Wärme …

Wo finde ich die lebenserweckende Kraft?

Ich suche, innen wie außen.

Dann kommt sie: Alwa!

Alwa ist 9 Monate alt. Sie entdeckt mich und macht sich auf den Weg. Ihr Ziel ist mir sofort ersichtlich: meine Gehhilfen reizen sie, die gelben Enden, unten, faszinieren sie. So krabbelt sie auf Museumsparkett in meine Richtung, kommt an, greift nach meinem Stock und findet das gelbe Ende, das sie umgehend in den Mund stecken möchte, also ganz fühlen und ertasten will. Die Mutter, mit einer feinen Aufmerksamkeit und Zuwendung für die Tochter gesegnet, weiß das zu verhindern, ist dem Kind, ihm Raum gebend, in Liebe zugetan. So entfaltet sich in den nächsten Minuten für Alwa, die Mutter und mich ein erfüllter Moment. Ich denke im Nachklang: Alwa hat recht, sie gibt dir ein Zeichen. Gehe in die Welt hinein, sei neugierig, es gibt viel zu entdecken. Lebe! Alles hat seinen Sinn und Wert!

Dankbarkeit stellt sich in mir ein.

Ihr habt ja recht, ihr Götter!

Ich muss die Zeichen nur lesen, es liegt alles offenbar um mich herum.

Ich bin umsorgt und geborgen. Und ich darf ahnend wissen: Das Geistige ist immer überall um uns, in uns, und im Kosmos schaffend lebendig.

Christian, Ariane und Gabriele kommen und schieben mich abwechselnd in die nächsten Räume, um mir Picasso zu ermöglichen. Nach kurzer Zeit bin ich ganz in den Bildern. Stehe auf und laufe selbst in der sehr gut besuchten Ausstellung von Bild zu Bild.

Was für ein Schritt!

Dank der anderen, die mich gehen sehen wollten. Und gehen heißt leben!

Die Rückfahrt ist von ihrer Stimmung her reich klingend und glücklich, trotz einer gewissen Erschöpfung. Es ist wieder etwas geschafft. Ein Erkenntnisschritt, der mehr als ein beliebiger Begriff ist.

Ich stehe heute wieder vor einem Abgrund, aber anders als das kleine Kind, das ich damals in Egmond aan Zee in Holland war. Die Schwelle befindet sich vor dem Abgrund aus Angst, Körperschmerzen und Funktionsausfällen im Bewegungsablauf, Einfrieren bis in die erstarrte Bewegung an Ort und Stelle oder das nächtliche Zu-Boden-Stürzen aus dem Schlafwandeln heraus. Das alles muss bewältigt werden. Wie ist da ein Leben möglich? Vertrauen muss ich aufbauen. Ich schreite jetzt in den Kreis meiner Wahrheit und versuche, aus dieser Wahrheit und Liebe heraus ohne Abweichungen zu leben.

Es gibt viel zu tun. Was sich immer auch der Welt zuwenden und in Liebe getan werden möchte, letztlich trifft es uns. Für den Menschen, für uns. Alle. Denn wir alle schaffen an diesem neuen Licht. Der Liebe.

Die Entstehungsbedingung ist das Leid. Nicht allein, aber ohne Schmerz entsteht das Neue nicht. Er nimmt uns an die Hand.

Davon sprechen auch die Figuren in Picassos Bildern. In vielen seiner Werke leuchtet das Licht im Elend oder in der Armut auf. In dem Aushalten-und-Tragen-Können liegt dann die Würde. Heiligenbilder. Menschenbilder.

In Blau und

Rot.

Die Farben der Muttergottes.

Wir stehen jetzt auf der Autobahn. Im Stau.

Baustelle allerorten.

Der Königsweg zum Turm – Fragen an das Bild

Die Suche nach einem Bild, das mich ernährt und erfüllt, hat durch die inneren Notwendigkeiten der Krankheit wesentlich an Gewicht gewonnen. Gemeint ist nicht die Suche nach einem bestimmten Inhalt, einem Motiv oder einem in den Kategorien der Kunstgeschichte zu benennenden Stil. Es geht vielmehr um die Frage an die Qualität, inniger formuliert: an das Wesen des Bildes. Welche Bilder geben dem Betrachter, geben mir Lebenskraft? Die Frage brennt in mir, entzündet sich immer wieder neu und kommt nicht zur Ruhe.

Mein Kollege aus dem Kunstbereich winkt ab: »Es gibt ja so viele Bilder, da ist es schwer zu sagen, was ein gutes Bild ist.« Aber natürlich weiß er, wann ein gutes Bild, sei es gemalt oder fotografiert, vor ihm steht. Er kann seine Kriterien für ein Ergriffen-Werden durch das Bild benennen. Malt er doch selbst, und in mehreren Ausstellungen wurde für mich sichtbar, wie vertraut er mit dem schöpferischen Augenblick sein muss. Seine Bilder sprechen zuweilen von dem, was über die Dinge hinausweist. Rosa Berge …

In den vergangenen Monaten habe ich oft versucht, die Sonnenblume so zu fotografieren, dass ansatzweise Wesenhaftes sichtbar wird. Kann man das Besondere der Blume so fassen?

Ich gehe zurück an den Beginn des Schuljahres im Spätsommer. Die Aufregung und Vorfreude sind groß, nicht nur für die Kleinen: Einschulung für die neuen Schüler der ersten Klasse an unserer Schule in Filderstadt. Es ist eine warme und herzliche

Willkommensgeste: Am Ende des ersten bewussten Sich-hinein-Stellens in die Gemeinschaft der neuen ersten Klasse, nachdem also jedes Kind namentlich aufgerufen wurde und sich auf der Bühne des Festsaals neben seine zukünftigen Klassenkameraden gesetzt hat, leuchten den Familien und Verwandten der Schulanfänger etwa 35 meist glückliche Kindergesichter entgegen. In ihrem Glanz und Sein werden sie bestärkt von ebenso vielen gold-gelb strahlenden Sonnenblumen. Denn jedes Kind hat mit dem Eintreten in den neuen Raum – hier ist es für uns sichtbar die Bühne – selbständig eine Grenze in das Neuland der Schule hinein überschritten. Das Kind tat dies alleine, dem Ruf des Namens folgend, ohne Elternhand, die auch vielleicht zu schnell wieder stützen möchte, wo der eigene Schritt des Kindes notwendig ist. Hier darf das Leuchten der Sonnenblume helfen. Es ist ein eigenes Licht, das später, im Jahreslauf zu St. Martin verwandelt, in seiner Lichtqualität an der Seite des Kindes erneut sichtbar wird.

Warum geben wir den jungen Schülern zur Einschulung keine Rose, Anemone oder Dahlie an die Hand? Seit jeher sind es die Sonnenblumen, auf die so viele Schulen zurückgreifen.

Was ist das Besondere dieser Blume? Warum eignet sie sich so gut für die beschriebene Situation?

Ich bin der Frage nachgegangen, bin dem Reiz und dem Geheimnis der Sonnenblume erlegen und fand Bilder und Worte für vorläufige Antworten. So sind Fotografien und eigene lyrische Texte entstanden, die meine Suche und Annäherung dokumentieren.

Es ist zum einen die Nähe zu der Blume, meine Freude an ihr, die mich diesen Weg gehen ließen. Zum anderen erweiterte sich ja für mich die Frage nach dem Geheimnis der Blume um die unterschiedliche Bildqualität von Foto und gemaltem Bild.

Viele Sonnenblumen standen in den vergangenen Monaten in meiner Vase, ob junge Blumen vom Feld oder aus dem Blumenladen, die ich sorgfältig fotografiert habe, eine Vielzahl von Bildern. Ich war dem Geheimnis der Sonnenblume auf der Spur, lichtete nicht einfach den Strauß Blumen oder die Einzelblüte ab, ich ging mit der Kamera ganz nah an die Blume heran und fotografierte im Makrobereich. In einem weiteren Schritt hatte ich das Bedürfnis, so nah in den Strauß der Blumen zu gehen, dass die Kamera in der Blumenfülle verschwand. Ich war dann selbst gespannt, was für ein Bild als Ergebnis vorlag. Eine andere Möglichkeit, die Form weitgehend aufzulösen, sich in Farbräumen zu bewegen, war das Verwischen des Bildes durch schnelles Bewegen der Kamera.

Ein differenziertes Sehen der Dinge, die mich umgeben, ein Empfinden für den Raum und für die Kompositionsmöglichkeiten ließen aufweckende, interessante Bilder entstehen.

Was würde sich in meinem Erleben ändern, wenn ich die Sonnenblume *malen* würde?

Ein abendliches Telefonat mit Johannes, unserem Klassenlehrer der jetzigen 1. Klasse, in dem ich auch mein Thema zur Sprache bringe. Er versteht meine Not. Ich betone zur Klärung: Ich gehe gerne mit der Fototechnik um, auch deshalb, weil die Ergebnisse schön anzusehen sind. Ein wirklich gelungenes Foto kann den Betrachter in eine neue, eigene Wirklichkeit führen. Diese Qualität haben beispielsweise die Fotos des mit dem Friedenspreis ausgezeichneten Fotografen Sebastião Salgado. Seine Fotos, sein Blick auf die Welt sind Botschaften, verbindend und aufweckend, die im Betrachter Betroffenheit auslösen. Salgado selbst war ja zutiefst ergriffen von dem Elend und der Grausamkeit des Menschen. Ihm zeigten sich Abgründe in Bosnien oder Ruanda, die ihn am Menschen zweifeln ließen, und so wurde er krank. Sein Leben stand auf dem Spiel, und helfen konnten nur die liebevolle Hilfe seiner Frau und eine sinnvolle Aufgabe in der Natur seiner Heimat.

Ich ging der Frage nach: Wie kann es mir gelingen, über das Foto mehr sichtbar zu machen, als man sehen kann?

Daneben erstreckte sich meine Frage auch auf andere Bereiche des gemalten Bildes. Welche Beobachtungen machte ich da? Ich möchte das an einem Ereignis veranschaulichen. In einer länger zurückliegenden Schreibepoche besuchte ich eines Vormittags die erste Klasse von Johannes Schaaf. Über das Tafelbild wurde ein für die Schüler neuer Buchstabe eingeführt, das T. Der hier eingeschlagene methodische Weg war von Bedeutung. Aus pädagogischer Sicht und auch im Hinblick auf meine Fragestellung.

Der Klassenlehrer führte die Schüler im schönen Erzählton, der sich hier in der Unterstufe immer auch von einem Erzählen in der Oberstufe unterscheiden muss, durch eine Geschichte, die den Buchstaben T einführte. Er thematisierte ein Ereignis aus dem Leben eines Königs in seiner Burg, die viele Türme hatte. Dann ging der Lehrer in einem zweiten Schritt an das zu malende Bild, das er einer Sequenz der zuvor gehörten Geschichte entnahm. Lehrer und Schüler malten jetzt – jede und jeder für sich – an einem Bild. Und doch entstanden so gemeinsam und allmählich viele verschiedene Türme, dem Charakter des jeweiligen Schülers entsprechend.

Worin liegt der Wert einer solchen Vorgehensweise? Warum nicht ohne Umwege das Zeichen für das T einführen, gezielt und effektiv? Man könnte der Klasse doch auch einen Märchenfilm oder eine Sequenz daraus zeigen, denn die in Osteuropa produzierten Märchenfilme haben eine besondere Qualität und würden sich auf den ersten Blick gut dafür eignen.

Herrn Schaaf ging es aber um etwas Wesentliches. Er hielt die Schüler durch seine Vorgehensweise ständig in einer inneren Aktivität, die bindend war. Sie tauchten durch das Hören des Erzählten in von ihnen selbst geschaffene Bilder ein. Dabei half ihnen ein altersgemäßes Erzählen, um im zweiten Schritt, dem

Malen, eine Vertiefung des Inhaltes zu ermöglichen. Das Bild, das beim Zuhören zunächst innerlich entstanden war, wurde nun innerhalb des Prozesses nach außen gesetzt und gemalt. Die Abstraktion zum Zeichen T wurde später dann schnell möglich und durchgeführt. Ich war begeistert: Was für eine innere Verankerung des Lernstoffes in diesem Moment! Wie sinnvoll waren hier die einzelnen Schritte aufeinander bezogen. Das schuf Substanz, bis zur Gemeinschaft der Schüler zum Lehrer hin. Denn Herr Schaaf agierte sinnvoll und warmherzig. An der Hand des Lehrers ermöglicht der Vorausgehende seinen Schülern den Zugang zu einer tieferen Schicht Weltbegegnung, wesenhaft.

Sich andeutende Disziplinfragen konnte er nicht selten allein durch ein Heben der Hand beenden, während er selbst der Klasse abgewandt an der Tafel das Bild entstehen ließ. Noch heute ist mir dies alles gegenwärtig. Wie mag es den Schülern diesbezüglich gehen? Befragt man die Schüler nach Jahren vorsichtig zu ihrer Klassenlehrerzeit, wird schnell deutlich: Auf ihren Herrn Schaaf lassen sie nichts kommen.

Einen vergleichbaren Prozess zum Inhalt und Bild hin mache ich als Fotografierender nicht. Hier greife ich zu, dank eines technischen Apparates. Dieses Defizit bedaure ich, es verschafft mir Unruhe, gilt es doch für mich jetzt gerade, die tiefere Bildqualität zu leben.

Herr Schaaf verstand meine Bedenken gegenüber dem Foto. Wie oft stand ich während eines Sonnenaufganges vor der Entscheidung, mich ganz der Welt hinzugeben und zu schauen, zu erleben, zu fühlen ... Oder eben doch die Kamera hervorzuholen, weil es besondere Bilder sind, die man festhalten möchte. Eine Form der »Verführung« zum geronnenen Bild hin. Ein vermeintlich »perfektes« Abbild.

Warum erlebe ich diese Frage nach dem Bild so scharf? Urteile ich zu hart? Die innere Suche nach dem Bild – dem von *mir* geschaffenem Bild – führt letztlich zur Imagination. Dem Foto ist aber deshalb seine Existenzberechtigung, sein Wert als Informationsträger oder Kunstwerk nicht abzusprechen. Es ist mein eigenes Empfinden, Ausdruck meiner Situation, wenn Einseitigkeiten drohen in Erscheinung zu treten. Verstehe ich mich selbst recht, so steht hinter meinem Suchen und Gehen des Weges das Bedürfnis nach dem Schöpferischen, das Brücke sein kann zum Geistigen hin. Eine innere Situation des Aufbruchs, die durch Parkinson verschärft auftritt, aber letztlich unabhängig von der Krankheit ist.

Das Bedürfnis nach Erweiterung und Öffnung erstreckt sich auch auf das Wort, das zum wahren Wort, zum Raum werden möchte. Davon sind meine Texte noch ein gutes Stück entfernt, sie sind noch keine Brücke. Aber sie möchten eine werden.

Sonnenblume

Als gäbe es keine Nacht
schenkt sich
das leuchtende Rad deiner Flammen
immer wieder neu
Mut der Löwenkinder
kreisend um die
Dunkelheit des
innersten Punktes
der im Licht des jungen Grüns
den Schatten
ahnt
Leuchtpunkte deiner Seele
hüte das Licht
(2018)

Lichtweg der Sonnenblume

Nein, sie weiß nicht, dass sie hilft
sie gibt
Ernst steht in ihrem
streng geordnetem Gesicht
und alle Lebenslinien
die auf sie zukommen
von ihr wegführen
kennen den Punkt
der Mitte
er träumt
leise vom
Ich
die Blume schüttelt sich
und lässt
ihre Strahlen
auf Bahnen kreisen
so dass sie
umspringen
durch der Mitte Punkt
nachts
Und am Saum der Zeit
wenn der Hahn kräht
im lichten Blumenkleid
vom neuen Morgen künden
»komm« klingt es
in deinem Herzen
»reich mir die
Hand«
(2018)

Neuland der Blume

Neue Blickwinkel
sucht das Auge
unablässig
um einzutauchen
und das Gelb der Löwensonne
zu atmen
sie verschenkt sich
dich zu tragen
in Stunden der
pochenden Fragen
ihr Licht
ist Leben
das sie dir
zusteckt
verspielt
mit offenen Armen
Punkte die lachen
und ein neues Feld
abstecken
auf das du deinen Fuß stellen darfst
um irgendwann
Heimat
sagen zu können
Löwenfeld
Mutland
und damit dieses
»Ich liebe«
des Menschen
Urton
leise erzittert
(2018)

Der Kollege schloss das Telefonat mit der Bemerkung: »Manchmal sind wir ganz schön melancholisch!«

Wenn es zielführend ist, warum nicht?

In meinem Tagebuch ist heute zu lesen: Habe soeben 3000 Fotos von meinem Handy auf eine externe Festplatte kopiert und anschließend die Bilder auf der Kamera gelöscht. Mein Körper reagierte mit extremen Schmerzen, es droht ja schlimmsten Falles der Verlust oder die mangelhafte Verfügbarkeit der Bilder. Wie wahr sind diese Bilder? Und wo leben die Fotos?

Meine in mir geschaffenen Bilder haben eine andere Nähe, ein anderes Verhältnis zu mir. Sie sind dichter an mir, sind Teil meiner selbst.

Das Foto nicht. Das Foto ist äußerlicher, kann anders verloren gehen als das Innenbild, das von mir selbst geschaffen und aufgebaut ist.

»Ich bin nicht allein, ich darf jetzt selbständig sein.« – Einsam-Sein als Voraussetzung

Meine erste Erinnerung an den Klang der Einsamkeit: Ich liege irgendwo während der Ferienzeit im Bett eines Ferienhauses, um meinen Mittagsschlaf zu halten. Mit mir im Zimmer ist mein älterer Bruder Stefan. Wir liegen getrennt in zwei Betten, seines befindet sich an der gegenüberliegenden Wand. Ich schlafe, wache dann auf – und noch im Halbschlaf und doch schon klar erfasse ich das Gefühl, das Gedanke werden möchte. Ich empfinde es jetzt deutlich: Ich bin nicht Stefan, nicht mein Bruder! Ein Gedanke, der mich trennt, mir etwas Eigenes sagen möchte, das aber auch schmerzhaft ist. Ich verschmelze von jetzt an zunehmend nicht mehr mit meinem Bruder, mit seiner Perspektive, sondern stehe ihm gegenüber. Zu diesem Zeitpunkt bin ich etwa zweieinhalb bis drei Jahre alt. Klang der Einsamkeit.

Als Heranwachsender erfahre ich mich selbst in den Lebensprozessen. Ich lebe! Das heißt auch: Ich stehe mit meinem Leben in Wechselprozessen zwischen Ich und Welt. Ohne diese Bindungen wäre ich nicht lebensfähig. Die Erde trägt mich, meinen Leib – und damit auch meinen Geist. Nur hier ist diese Form des Lebens möglich! Die menschliche Existenz ist also eine besondere und hebt sich von der anderer Lebewesen ab. Der Mensch unterscheidet sich von allen anderen Geschöpfen durch seine Fähigkeit, aufrecht zu gehen, nicht nur für einen Augenblick, sondern permanent. Johann Gottfried Herder (1744 – 1803) bezeichnet den Menschen als den ersten »Freigelassenen« der Schöpfung. Das ist er geworden, weil er mit der Aufrechten seine Hände freibekam und seinen Kopf in Ruhe gestellt sah, was die Voraussetzung für jegliche weitere Fortbildung und Kultivierung darstellte.

Die seelisch-geistige Differenzierung des Menschen, seine Entwicklung bis zum heutigen Zeitpunkt ist ein sehr komplexer Vorgang, zumal er nicht nur das Sichtbare, sondern auch des Menschen Geist mit einzubeziehen hat. Der Mensch nimmt diese Sonderstellung im Kreis der Geschöpfe ein, er ist ein soziales Wesen und auf Gemeinschaft hin ausgerichtet, er ist aber auch ein Einzelgänger. Er ist qua seines Bewusstseins ein Individuum, eine Einzelpersönlichkeit, die sich stets wieder zurückziehen kann und das auch möchte. Das ist auch Bestandteil der Würde des Menschen, sich seinen Anlagen gemäß als Individuum zu entwickeln. Diese Entwicklungsfähigkeit ist Kern eines Menschenbildes, das von Wandlung geprägt ist, und diesen Begriff möchte ich hier biografisch verstanden wissen, um sich als Einzelwesen in Freiheit und Liebe in eine neue Gemeinschaft stellen zu können. Menschenbild der Zukunft.

Welcher Wert kommt der Einsamkeit dabei zu? Und warum ist diese Frage für mich von so großer Bedeutung?

Ein Splitter meiner Einsamkeit: Auszug von einem Tagebucheintrag vom Mai 2020.

> Mein Tagesbeginn ist von mehrmaligem Aufwachen und sofortigem Wieder-Einschlafen gekennzeichnet. Mit dem ersten Blick aus dem Fenster erfasse ich schnell die Tageszeit, es ist die Dämmerstunde. Im Licht des sich aufhellenden Tages werden erste Konturen und Umrisse erkennbar. See, Uferhäuser, die Kirche und der Säntis, Berge

von nah und fern ruhen im Nebelland. Alles ist in eine Stille getaucht, kein Vogel wagt den ersten Ton. Aber dann brechen die Lieder der Luft wie pralle Knospen auf und geben dem Tag seinen klingenden Ton. Vogellust weckt die Natur ringsum, die nur schwer zu erwachen vermag.
Später am Ufer des Sees finde ich etwas dazu Passendes wieder: Die farbig-graue Stille der Natur bekommt mit langsam zunehmender Helle von oben beginnend einen zarten Rosaton, so dass die Spitzen der Berge sich abheben vom Grau der unteren Regionen, die noch nichts vom Sonnenaufgang wissen. Und nachdem das Rosa des Morgenlichtes schrittweise sich Raum verschaffend hinuntergezogen ist, blitzt am gegenüberliegenden Ufer in einzelnen Fenstern das Orange der aufgehenden Sonne auf. Jetzt steht der Morgen im Licht, das die Natur ganz erfüllt.
Zwei Stunden später bewege ich mich auf vorgefundenem Wege und komme an einer von Rosen umhüllten Heiligendarstellung vorbei. Bayernland. Aber ich weiß dies zu schätzen. Denn so wie der Heilige aus Christus lebt, dürfen wir Christen gewiss sein, dass Christus uns Menschen an jedem Tag voranschreitet, schützend und Kraft spendend. Wenn wir nur Baumeister des Gotteshauses bleiben. Und dann höre ich für Momente den tiefen Klang, der aus dem See hervortönt. Die spiegelglatte Oberfläche hält ihn noch verborgen. Alles hebt an zu singen, und das Wasser des Sees kräuselt sich in der Bucht, schüttelt sich, um die Worte zu finden, für das, was sie in der Tiefe gesehen.

> Denn alles Tiefe, jede persönliche Kraft, will die
> Wandlung, den Sprung über den Stock sehen.
> Noch taste ich mich vorwärts zu dem Weg, der zu
> den Wassern des Lebens führt. Oder gehe ich ihn
> schon, weil ich in der Frage und dem Bemühen
> geborgen bin?

Einsamkeit hat ihre zwei Seiten: Sie ist Gewinn oder Verlust, sie ist Zumutung oder ersehnte Befreiung. Die Einfärbung in die eine oder andere seelische Empfindung hängt doch häufig von dem Woher-ich-komme oder dem Wohin-ich-gehe, also von dem situativen Kontext ab. Wenn ich als Lehrer am Vormittag über sechs Stunden drei verschiedene Klassen, also etwa hundert Schüler unterrichtet habe, ist die Vereinzelung notwendig, um auf einer anderen Ebene zu mir selbst zu kommen. Das meint auch eine fundierte Vorbereitung.

Kann ich diese Bewegung zu mir hin schon als Einsamkeit bezeichnen? Wohl nicht. Treffender ist für meine Empfindung hier das Bild vom Pendelschlag, eine Hin- und Her-Bewegung zwischen innen und außen. Wann lebe ich an meiner Peripherie mit Außenkontakten? Und wann gehe ich in mein Zentrum? Lebensprozesse.

Einsamkeit hat nach meinem Empfinden auch einen Schmerzanteil. Vor allem dann, wenn ich durch Umstände, auf die ich keinen Einfluss habe, in die Einsamkeit gestellt bin und an dieser Vereinzelung nichts ändern kann, obwohl ich es gerne täte. Dann ist Einsamkeit etwas, das mir zugemutet wird. Es gilt, diesen Zustand auszuhalten, zu leben.

Einsamkeit ist eine radikale Form, sich selbst zu begegnen. Es zu müssen. Nur hier liegt der Schatz begraben. Natürlich leistet auch ein Dialog mit dem Du Selbsterkenntnis für beide am

Gespräch Beteiligten, und ich brauche auch das Du, um gespiegelt zu werden, um zu verstehen.

Und doch ist es die Einsamkeit, die eine Tür nach innen öffnet. Hier kann ich mich sammeln, ordnen, meine Mitte suchen. Das sind Tätigkeiten, die den Herzraum bilden. Und dieser ist ein Ort, der ganz zu mir gehört, in dem ich auch meine Schmerzen heben, halten und wandeln kann. So entstehen im Herzwandel Geduld, Treue oder Demut. Diese seelischen Qualitäten finde ich ja nicht einfach vor, sondern sie sind die Perlen seelischer Schmerzprozesse, die ohne Einsamkeit nicht wachsen. Die seelischen Tugenden kleiden den Herzraum aus, gründen ihn, so dass er als Quellort eines höheren Seins betreten werden kann.

Das Leben und Schicksal der Menschen kann aber auch radikale Fragen an diesen Innenort und damit an den Menschen selbst stellen. Die Prüfungen sind zum Teil übermenschlich.

Ein mehrtägiger Aufenthalt in Berlin gehörte für unsere Kinder im Zusammenhang mit der Konfirmation in das Leben des heranwachsenden Jugendlichen. So fuhr ich als Vater mit dem jeweiligen Sohn allein in die Hauptstadt. Neben Kunst und Kultur gehörte die reiche und schmerzhafte Geschichte der Stadt im Kontext der Welt oder auch Landesgeschichte zu unserem Programm: die Berliner Mauer und das Leben in einer geteilten Stadt. Hier hatte doch Mstislaw Rostropowitsch (1927 – 2007) am 11. November 1989, im Moment, als die Mauer Geschichte wurde, Cello gespielt. Bach. Die gescheiterten und geglückten Fluchtversuche dokumentierten zuvor den Ideenreichtum und die Verzweiflung der Regimekritiker. Ob zu Land oder über den Luftraum, ja selbst unter der Erde im selbst ausgehobenen Schacht waren die Angst und das Risiko stets dabei.

Beeindruckend auch das Jüdische Museum. Einmal der Reichtum der Exponate, die das jüdische Leben veranschaulichen, und dazu der Zusammenklang von jüdischem Schicksal und Architektur des Raumes. Überhaupt dieser Raum, der das Empfinden von Unsicherheit und Verfolgung für den Eintretenden verdichtet: So ist der Boden des Museums an einigen Stellen nicht eben und im Lot, sondern leicht in eine Schräge gestellt, die die Besucher von unten her ganz fundamental verunsichern soll. Ebenso stehen hier Flächen und Wände nicht in einem ausgewogenen Verhältnis zueinander, sondern geben dieses kippelige Gefühl, das eine existenzielle Unruhe streut, die zum Lebensgefühl der Verfolgten gehörte. Gesteigert wird der Verlust des inneren Gleichgewichtes im Bau des Architekten Daniel Libeskind durch eine Engführung, die den Menschen vereinzelt vor eine Mauer am Ende des Raumes führt. Raum und Wand stoßen den Besucher in eine Schwärze, die nur weit oben ein Lichtfenster zulässt, als sei man dann bereits seinem Schicksal enthoben, tot im letzten Licht. Viele Juden sind so an die Wand gestellt worden.

Näher an die Gegenwart führte uns der Stadtteil Hohenschönhausen, hier gab es ein Stasigefängnis zu besichtigen, das von einem Unrechtsstaat der Deutschen zu erzählen wusste. Es waren ehemalige Gefangene, die hier die Besucher durch die Räume führten. Es war ein Ort des Angriffs auf das Ich des Menschen, ein Ort der Zerstörung. Auch physisch.

Die völlige Desorientierung und Nichtverankerung im Innern sollte beispielsweise eine Gummizelle erzwingen, die dem Häftling jegliche Orientierung raubte. In der bedrückenden Atmosphäre der Erinnerung war an dem Verhalten der ehemaligen Insassen spürbar, wie tief die Bilder sich in die Seelen der Opfer gebrannt hatten.

Angriff auf den Herzraum. Der in den dunklen Zellen sowohl gelang, aber auch scheiterte. Warum ist das für mich von so großer Bedeutung?

Einsamer kann ein Mensch nicht werden. Das klingt auch in den zahllosen Rückblicken der Betroffenen durch. In ihren Seelen der Schmerz, aber auch die Gesten der Selbstbehauptung. Standhalten. Das vermag der Mensch nicht ohne Herzraum. Nicht selten haben ehemalige Gefängnisinsassen die Zeit der Gefangenschaft als letztendlich bedeutungsvoll für den eigenen Weg beschrieben. Ob Nelson Mandela, Sartre oder Lusseyran. Das klingt zunächst widersprüchlich und führt zu Fragen.

Was würde Vater mir antworten? Er, der als Jugendlicher an der Ostfront kämpfte und durch extreme Erlebnisse geführt wurde.

Was leistet die Einsamkeit?

Ich möchte es ins Positive wenden: Wie oft bin ich allein hinaus in die Natur gegangen! Ich suchte diese Momente bewusst auf. Aber war ich dann einsam? Wohl eher nicht. Ja, ich war allein unterwegs, aber gleichzeitig war ich in eine Fülle von Begegnungen mit der Natur gestellt. Nicht selten bin ich in den Bergen vor unserer Tür wandern gewesen. Wie unterschiedlich zeigt sich die Natur unten am Einstieg in den ersten zwei Stunden des Weges im Vergleich zu den oberen Regionen der dann gewonnen Höhe! Unten ergießt sich plätschernd ein Bach, Steine liegen am Ufer und locken den Wanderer. Ein aufkommender Wind gibt den Blättern der Bäume ihr Lachen zurück. Sie schütteln sich.

Mit steigenden Höhenmetern verringert sich der Baumbestand, es wird heller. Die Höhenluft und das Erreichen des Zieles, die Spitze des Berges am Gipfelkreuz, habe ich mir erarbeitet in den letzten Stunden. Und doch ist mir auch etwas geschenkt oder ermöglicht worden. Ich habe auf diesen Wegen in den Bergen nie das Gefühl der Einsamkeit, zu reich sind die Gaben der Natur. Ich und Welt: beglückend, reich, geborgen.

Ein tief freudiges Erlebnis. So stehe ich im rechten Atem.

Die Einsamkeit als Lehrmeister wird von mir dann als solche empfunden, wenn die anderen weiter den Reichtum der Begegnungen leben dürfen, während ich auf mich selbst verwiesen bleibe.

Was will die Einsamkeit mir dann zeigen?

Nach innen geht der Weg zu den Reichtümern des geistbelebten Innenraumes. Die Einsamkeit will die Weitung. Diesen Durchgang durch den Punkt, die Umstülpung müssen alle nehmen, die auf der Suche nach einem Weg in die Transzendenz sind. Anders formuliert: Das Bilden der Geistorgane der Seele geht nicht ohne Schmerz einher. Ich muss es lernen.

Mein letzter Zeugnisspruch in der 8. Klasse in der Rudolf Steiner Schule Ruhrgebiet in Bochum lautete:

»Bilde dich selbst, und dann wirke auf andere durch das, was du bist.« (Wilhelm von Humboldt)

Dieser Aufforderung wohnt der Anspruch inne, nicht nur für mich zu lernen, sondern meine Entwicklungsschritte können auch anderen zugutekommen.

Die Einsamkeit möchte immer wertvolle Voraussetzung sein, um Entwicklung der Persönlichkeit zu ermöglichen. Es liegt an uns.

Der übende Mensch

Leben aus der Wahrheit heraus, aus meiner ganz persönlichen Wahrheit heraus, meint das Überwinden oder Verwandeln der gefesselten Seelengebiete.

Aber wie kann ich meine seelischen Fesselungen auflösen?

Wir alle haben an unfreien und unerlösten Anteilen zu arbeiten, und bei mir hat die Krankheit die Dringlichkeit der Selbsterkenntnis verschärft: Es ist nicht nur berechtigt, sondern sogar dringend notwendig, Fragen zu stellen. Notwendig ist zunächst das Erkennen der Fesselung und das Durchschauen der Mechanismen. Ich muss mich selbst so weit hinterfragen, bis die letzte Ebene erreicht ist, aus der sich das sichtbar gewordene Verhalten speist. Was ist eine mögliche »Angelwunde«, an deren Haken ich hänge?

Oft findet man hier als Antwort grundlegendes Urgestein des Fühlens den Wunsch danach, geliebt und angenommen zu werden. Die Angst vor der Einsamkeit. Heimat. Beziehung darf dann für den so Fühlenden nicht abbrechen, er darf nicht weggegeben werden. All das könnte zu größten Irritationen führen, weil man diese Erfahrung vielleicht in der Kleinkindphase schon einmal gemacht hat. Alleinsein wird dann zu Entfremdung, und eine beglückende Beziehung wird als Harmonie erlebt und angestrebt. Sie ist Wärme. Um diese Harmonie zu erhalten, was für den Betroffenen lebenswichtig sein kann, geht er Konflikten aus dem Weg und erscheint so nicht selten als zu außengelenkt. Die eigene Mitte droht verloren zu gehen. Verwandeln kann man diese seelische Struktur nur, indem neue, eigene Ansätze geschaffen werden. Dazu gehört:

1. *Offene Beziehungen leben*, die keine Klammergesten kennen, sondern belastbar sind, auch im steten Ringen um den richtigen Weg. Das gilt für die Partnerbeziehung ebenso wie für freundschaftliche oder kollegiale Bindung.

2. *Seelische Substanz schaffen*, ein Neuland anlegen, das tragfähig ist, aus mir heraus entsteht und auch Situationen der Entfremdung aushält. Eine neue Heimat, einen geistigen Himmel in mir finden und schaffen. Das ist der Weg der inneren Schulung, der *tägliches Üben* voraussetzt. Ich brauche also eine Willensschulung. Die Parkinsonkrankheit zielt stark auf den Willen. Mit einer mutvollen inneren Ausrichtung gilt es ständig, Situationen der Angst zu bestehen, hindurchzugehen. Angst will ja die Mutgeste, eine innere Konzentration, die mich auf die Spitze meines Ich stellt. Und dann gilt es, im Vertrauen auf das Gelingen und Behütetsein abzuspringen, um das Neue zu erreichen. Und siehe da: Das neue Element trägt. Darauf darf ich vertrauen. All diese Situationen – mehrfach gelebt und geübt – haben verwandelnden Charakter und bilden die neue Substanz. *Mutkräfte und der Wille*, in der konkreten Notsituation zu bestehen, sind entscheidend.

3. Ein Drittes ist das *Sichhinwenden zu den Bereichen, die mich positiv durchdringen können*, weil sie als gut zu bezeichnen sind, mich stärken. Es gilt ja auch hier der Grundsatz, dass, wohin ich mich auch wende und womit ich mich befasse, das *werde* ich auch. Ich muss also aufpassen, dass ich das Gute, sei es in Form von Textauszügen, Sprüchen oder Gedichten, so in mir lebendig sein lassen kann, dass es zu meiner Nahrung wird. All diese Lebensentwürfe und -griffe lassen mich erstarken, einen *größeren Stand in mir selbst* finden, sodass

ich in dem Bemühen, einer Versuchung zu widerstehen, nicht immer enttäuscht werden muss. Es gelingt einem dann auch, Stand zu halten. Und sollte man dann doch auf seinem Übungsweg erneut scheitern, so gilt: aufstehen, Mund abputzen, Krone wieder aufsetzen und weitergehen! Der eigene innere Kritiker, der sich in solch einer Situation wieder vernehmlich macht, ist eine wichtige Stimme, er darf aber nicht zu groß werden und die Herrschaft an sich nehmen.

Das Herz ist der Raum, in dem meine Schmerzen, meine Unvollkommenheit und all mein Üben angeschaut werden kann. Hier bildet sich dann langsam die neue Fähigkeit. Hier werden Fesseln abgelegt und Freiheit verwirklicht. Nicht, weil es von außen von mir – einem wie auch immer gearteten Gesetz gemäß – erwartet wird, sondern weil es aus mir selbst heraus kommt und ich so meine Wahrheit leben kann.

Der Mensch ist übend Werdender, in Entwicklung begriffen, jeder, um den Menschen in uns Wirklichkeit werden zu lassen. Fesseln wollen zu goldenen Bändern werden, die im Wind flattern. Mit meiner Wahrheit und aus ihr heraus im Einklang mit der Gemeinschaft zu leben, wird eine Gewissensfrage.

Ich bin dankbar dafür, dass die Krankheit mein Bewusstsein dafür schärft und erweitert.

Ich bin dankbar dafür, dass diese Ausnahmesituation mein Leben mit dem Wort vertieft und mich immer wieder neu in Räume führt, die von Leben und Zukunft künden.

Musik. Orpheus. Heilung.

Das Hören von Musik kann mich immer wieder in einen Ausnahmezustand führen. Wir werden enthoben, aufgehoben in einen Bereich jenseits von uns – so scheint es – und doch ganz in oder über uns. Das Verklingen des letzten Tones einer großen Symphonie, der Dirigent gibt ihm Raum, streckt ihn, um in ihm alles aufklingen zu lassen, was zuvor zu Gehör gebracht wurde. Der Applaus muss warten. Magie des Augenblickes.

Oder schon enthoben unterwegs. So geschehen beispielsweise, als ich zu Beginn der 80er Jahre im Münchener Gasteig, als ich auf Gustav Mahlers 2. Symphonie traf. Ohne Erwartungshaltung: Ich kannte das Werk noch nicht und folgte des Bruders Empfehlung. Im Konzert entfaltete sich mir das farbige, reiche Leben, um am Ende der Symphonie in eine gewaltige Auferstehungsthematik zu münden – großes Orchester, Pauken und anderes Schlagwerk gedoppelt, Streicher und Bläser aufgestockt und dazu ein Chor mit Solostimmen. Da war bei mir kein Halten mehr, die Träne suchte ihren Weg, salzig. Nicht deshalb, weil kurz zuvor eine mir sehr wichtige Beziehung auseinandergefallen war, sondern die Musik selbst hatte diese Wucht und bedurfte der seelischen Disposition des Verlassenen nicht. Am folgenden Abend besuchte ich das gleiche Konzert noch einmal, Seiji Ozawa trat an zwei Tagen hintereinander auf und schenkte den Münchenern erneut ein tiefes musikalische Erlebnis.

Diese Intensität, die mein Inneres zum Klingen brachte, kannte ich auch als Schüler. Auf dem Programm steht ein Klavierkonzert Beethovens: Ich sitze am ersten Pult neben Almut, die mir technisch voraus ist und auch ihrem Spiel einen schönen Ausdruck geben konnte. Eine würdige Erste Geige. Bärbel am Klavier.

(Warum sind mehr Mädchen die größeren Instrumentalisten und Komposition und Dirigieren eher in Männerhänden liegt?) Oder einige Jahre zuvor, als die Schüler das Weihnachtsoratorium von Bach zur Aufführung brachten. Ich durfte im Chor mitsingen und freute mich nicht nur über das Bach`sche Tönen, sondern das Konzert wurde ein tiefes Gemeinschaftserlebnis. Auch deshalb, weil ich gerne neben meinem Tutor im Bass saß und uns singen hörte. Ja, wir *wurden* der Ton, gingen in die Musik ein, um sie hervorzubringen. Es gab im pädagogischen Raum kaum ein tiefergehendes Erlebnis.

Seitdem stelle ich mir immer wieder die Frage nach dem Wesen der Musik, ihrem Quellort und ihrer Wirkung für den Musiker und Hörer.

Heute hilft mir die Musik beim Gehen. Wenn Parkinson mich blockiert, kann sie dieses Einfrieren lösen. Ich komme also durch die Musik in meinem Seelenraum so in Bewegung, dass diese immateriellen Bewegungsmuster auf der seelisch-geistigen Ebene Vorbild sein können für den physischen Vorgang. Eine ähnliche Wirkung haben auch Übungen der Heileurythmie, in der bewusst geführte, ich-hafte Gesten zum Ziel führen können: das ruhige Gehen. Im Sprechen eines Spruches öffnen sich für den Bewegungsapparat Möglichkeiten, die mich immer wieder ins Staunen versetzen. Da wird nicht nur der Zusammenhang von Seele und Körper zum realen Erlebnis, sondern auch die Kraft des Wortes.

Ich stelle mir die Frage: Hätte ich Erfahrungen wie diese auch ohne Parkinson gemacht? Und ich spüre, dass ich – wenn auch in aller Vorsicht – formulieren kann: Dankbarkeit stellt sich ein, wenn auch noch ganz zart. Denn eine Gegebenheit lässt sich stets unter verschiedenen Gesichtspunkten betrachten. Krankheit ist nicht immer nur Leid.

Was ist das Besondere, der Kern der Musik, und welchen Raum betrete ich, wenn ich die alltägliche Form der Sprache, der klappernden, lebensfernen Begriffe verlasse und Neuland betrete?

Da ist zum Beispiel der Mythos um Orpheus und Eurydike, der schon vom ersten Hören an mein Interesse geweckt hat. Haben die Urbilder für unsere heutige Zeit noch eine Bedeutung?

Mein Orpheus, ich stelle ihn mir vor.

Kaum geboren, soll er schon um die Leier gebeten haben. Als kleines Kind also umspielte er die vor ihm sitzende Mutter Kalliope mit seinen ersten Tönen. Orpheus, das Instrument so vertraut in seinen Händen haltend, als wäre es ein weiterer, klingender Körperteil, bringt die Füße der Mutter mit seinem Instrument in eine warme Wohligkeit. Später öffnet auch der Gesang das Herz der Mutter, und auch der Vater, König, ja Flussgott Oiagros lauscht nicht ohne Wehmut dem Gesang des Sohnes, als wisse er schon um dessen Schicksal.

Am Anfang steht aber die Erfüllung. Es ist ja auch ein Gottesinstrument – Apoll hat es ihm gereicht –, das nicht nur den Himmel zum Tönen bringt. Es wird erzählt, und das nun schon über Jahrhunderte, dass Orpheus mit seiner Musik nicht nur den Menschenbruder ergriff und rührte, sondern auch die Tiere kamen und sich ihm zu Füßen legten. Selbst Pflanzen und Steine wuchsen in das Hören seines Gesanges und seiner hellklingenden Leier ein. So, als wäre die Natur, die Schöpfung in ihrem Kern erkannt und in die Bewegung des Schwingens gebracht, selbstvergessen, um die Schöpfung zu preisen. So war es nicht verwunderlich, dass er, kaum zum Mann herangewachsen, Eurydike begegnete und vom ersten Augenblick an als seine Frau begehrte. Ihre weithin erstrahlende Schönheit leuchtete, als sei mit ihrer Gestalt der Klang der Musik des Gatten in eine Form geronnen, sonnengleich.

Allein, die Liebe währte nicht lange. Eine giftige Natter

schnellte aus dem Gras des Bodens hervor und biss Eurydike in ihre Ferse. Es war nur ein kurzer Moment, ein Schrei des Schmerzes, und die Schöne hauchte ihr Leben aus.

Orpheus war über ihren Verlust zutiefst betroffen, und sein Gesang wandelte sich in eine nicht enden wollende Reihe von Klageliedern, die erst verstummte, wenn er schlief. Oder, horch! Summte er noch im Schlafe? Ja, der Schmerz war so groß, obwohl die ihn umgebende Natur Anteil an seinem Leid nahm, dass er beschloss, in die Unterwelt, in das Reich der Toten zu gehen, um Eurydike zu sich zurück ins Leben zu führen.

So machte sich der Sänger auf den Weg und fand den Eingang am Berg Taros in Lakonien. Sobald er den Fuß gesetzt, um seinen Weg anzutreten, verlor sich schnell das Licht, und dämmrig-dunkel war das Reich der Unterwelt. Lautlos schritt er voran, nichts war zu hören, und Kälte ergriff seinen Körper. Orpheus geht im Stein. Allein seine goldene Leier leuchtet auf und macht ihn, wenn er den Toten begegnet, als einen Lebenden erkennbar. Orpheus ist ein Lichttragender im tiefsten Schwarz, die Leier weist ihm den Weg. Sie ist kein zappeliges Irrlicht, sondern gibt im ruhigen Schwingen den Rhythmus vor. Dann steht der Sänger vor dem Doppelthron der Gottheit und tut, was noch kein Lebender zuvor getan: Er tritt ihnen unter das Angesicht und stellt seine innerste Frage als Bitte um Eurydike. Sie wird ihm gewährt, denn seine klagende Musik vermochte auch einen Gott gütig zu stimmen.

Orpheus darf seine Frau mit sich führen, aber eine Bedingung wird an die Rückkehr ins Leben geknüpft, klein, wie sie im ersten Hinschauen scheint: Auf dem Wege zurück ins Reich der Lebenden dürfe er sich nicht nach Eurydike umschauen. Tut er es dennoch, so ist sie erneut für ihn verloren und kehrt allein, ohne Orpheus, zurück. Wenn auch die Konsequenz auf das Fehlverhalten groß ist, so erscheint Orpheus die Bedingung selbst nicht übertrieben anspruchsvoll.

Schnell treten Orpheus und seine Gemahlin aus Lebzeiten den Rückweg an, denn jetzt hat er es eilig, den lebensfernen Raum ein letztes Mal zu durchschreiten. Noch sind sie nicht das Paar wie früher. Getrennt gehen sie hintereinander, jeder für sich: Orpheus voraus, dahinter Eurydike, gefolgt von Hermes, dem Götterboten, der die Helden begleiten soll. Als sie fast die Oberwelt erreicht haben, – sie meinen es schon am Licht erkennen zu können –, wird Orpheus unruhig: Ihn ergreift das Gefühl des Zweifelns, er verliert sein Vertrauen in die Nähe der Gattin zu ihm. Oder sind es die Angst und die Ungeduld des Mannes, der gewohnt ist zu erreichen, was als Wunsch in seiner Seele lebt? Schon länger hat er das Schreiten der Gattin hinter ihm nicht mehr deutlich vernommen. Oder bildet er sich dies nur ein?

Nicht ohne Bangen stellt er sich diese Frage, und sie ist so plötzlich da, dass er selbst nicht wenig erstaunt, ob er nicht alles, was er ist, erst durch sie vermochte zu sein. Und so drängen verschiedene Farben seiner Gefühle an sein Herz, das für einen Moment wirr klingt und nicht dem Urton seines Wesens folgt. Es fühlt sich gedrängt, und schon geht ein Zucken durch sein Auge, der Körper wendet sich in einer leichten Drehung.

Im selben Augenblick greift Hermes nach Eurydikes Hand, und sie, die bis dahin nicht wusste, was in ihr lebt, und weit weg von einem Leben war, hat keine andere Wahl, als mit dem Götterboten zu gehen, weil seine Hand ihr keinen Spielraum lässt und sie nicht wirklich weiß, was Leben ist. So sehr ist sie noch entfernt und im Tod.

Einsam kehrte der große Orpheus zurück, und allein blieb er die noch verbleibende Zeit seines Lebens. Oder nein, Eurydike lebte auch jetzt noch in seinen Texten und Melodien fort, bis eine Schar von Frauen, die dem Dionysos huldigten, es nicht mehr hören wollten. Sie zerrissen den Leib des Helden in Stücke und töteten ihn so auf grausame Art und Weise.

Orpheus lebt auch heute noch, die große Seele steht für alle Ewigkeit als Sternbild der Leier am nächtlichen Himmel und leuchtet von dort den Menschen in jeder Nacht.

Verschiedene Eigenarten lassen allmählich ein Bild der Figur entstehen, einige seien hier genannt.

Wo er auftaucht und seine Musik zum Klingen bringt, finden sich Mensch und die ihn umgebende Natur ein. Sie kommen zu ihm und suchen das Erlebnis. Auch die unbeseelte Natur erhebt sich über sich selbst und findet sich ein. Dieses Merkmal ist wesentlich, veranlasst er doch damit den Hörer, Grenzen zu überschreiten und sich zu erweitern, um teilhaben zu können. Orpheus selbst muss Grenzen hinter sich lassen, um das zu erreichen, was er leben möchte. Damit einher geht immer auch die Entwicklung des Betroffenen. Denn diese braucht den Grenzübertritt. Da finde ich mich auch als Zeitgenosse wieder, ob gesund oder körperlich versehrt und krank. Wie oft muss ich meinen Raum mir erobern. Das beginnt schon frühmorgens im Moment des ersten Aufstehens, das nicht einfach als Bewegung abläuft. Mut muss ich dann gegen die Angstblockaden entfalten, um durchzustoßen. Eine permanente Grenzverschiebung, die nur gelingt, wenn ich mit meiner Aufmerksamkeit ganz im Jetzt bin und mir oft und laut vorspreche, welcher Schritt, ob groß oder klein, und mit welchem Bein zu tun ist. Tue ich das nicht, bleibe ich eingesponnen, ja fixiert auf der Stelle stehen. Das ist Schulung an der Grenze!

So ging es mir auch in der Nacht vor dem Übergang in die Filderklinik südlich von Stuttgart in der Adventszeit. Meine innere Not vor der Hürde des Übergangs vom geordneten Zuhause in die Klinik wuchs bereits Anfang Dezember. Der erste Advent liegt hinter uns, wir sind in vorweihnachtlicher Erwartung. Aber waren wir das in den oberen Schichten unseres Bewusstseins auch schon, oder nur tief unten, in der Verankerung der Seele mit der Erde?

Ich habe an diesem Dienstag letztlich alles gepackt und gehe nach einem anstrengenden Tag früh zu Bett. Ein Blick noch einmal in mein Arbeitszimmer. Die geliebten Bilder werde ich vermissen. Kandinskys »Improvisation 19«, ein Bild von Ele, über meinem Schreibtisch der Dreischritt von Nikivor, russischer Ikone und ein abstraktes Bild von Frau Pommerenke. Dazu meine Fotos zur Rose, Sonnenblume oder zum Licht der Morgenröte in der Bretagne am Meer. Durch das Sehen habe ich mich in alle Bilder hineingefühlt, versucht, tiefer zu sehen, wahrer zu empfinden. Hundertmal und mehr die selben Sehwege in neue, fremde Bedeutungstiefen gegangen. Hier von diesem Stuhl aus, angeheftet von Schmerzen der suchende Blick.

Und dann der Gang in die Nacht, in meine Unterwelt. Ohne Leier an der Hand und ohne Wunsch an die Unteren, außer, sie mögen mich schonen diese Nacht, die ich zum Schlafen brauche.

Es wird eine Nacht im Ringen mit meinem Körper, vom Schmerz geschüttelt und wund, ein Ringen mit mir selbst. Was geschieht da in der schlaflosen, totwachen Schmerzensstunde? Ja, der Schraubstock arbeitet seine Takte herunter, ein Schmerzintervall nach dem anderen, und ich versuche innerlich mitzukommen.

Dann gegen Morgen ist es geschafft, ich meine, ein oberes Plateau erreicht zu haben, vielleicht sogar wieder die Erlösung in den Tag hinein. Wärme umhüllt mich, eine kurze Traumsequenz, in der Friedhelm Dörmann, mein Deutschlehrer in den letzten Jahren der Oberstufe, mich in seinen Armen hält. Inniglich. »Fredy Coolman«, gutaussehend und eine feine Form bis in seine Anzüge hinein, pflegte zu leben, ganz Richard von Weizsäcker, später wird Freddy Generalsekretär der Anthroposophischen Gesellschaft Deutschland. Unvergessen sein gespielt aufgesetztes Mitleid, als ich mit 18 Jahren in der 12. Klasse mein Zuspätkommen im Hauptunterricht zu entschuldigen versuche mit dem Hinweis, mein Benzin sei »leer« gewesen. Ein ungläubiges Kopfschütteln, das kein Haar verrutschen ließ, dann wiederholte er leicht erheitert meine Worte mit der Bitte, mich zu setzen. »Noch nicht einmal das gelingt Ihnen heute, das Formulieren überschaubarer Sätze.« Alles aus seinem Munde liebevoll-spaßig, aber es ist so peinlich für mich!

Im Hier und Jetzt stehe ich also auf und spüre, dass sich nichts verbessert hat in der Nacht. Ich liege in meinen Verkrampfungen des ganzen Körpers wie ein Käfer mit starrem Panzer im Bett und kann weder vor noch zurück. Völlig schmerzwund im Lebensgefühl.

Ich komme nicht in die Aufrechte. Ele wird schnell wütend über meine Angst, ich solle mich nicht eintüten lassen! Je lauter sie wird, desto mehr spüre ich ihre eigene Angst vor dem Abgrund, vor dem wir stehen. Oder vielmehr: Ich befinde mich zum Teil in ihm und versuche mich hervorzuarbeiten. Mit wenigen Worten meine ich erklärt zu haben, was ich erlebe und erleben musste in der Angst.

Sieht sie denn nicht mein Bemühen, das Durcharbeiten aus der Schicht meiner Verletzung hindurch, durch den Raum der Angelwunde, in dem der Haken regiert und der Fisch nur hilflos zappeln kann? Sieht sie nicht mein Bemühen? Das Ungeheuerliche ist das Nichterkennen meines Kernes und die Festschreibung auf die Angstfigur hin. Die steht natürlich im Vordergrund – und uns im Weg. Nicht nur ihr, auch mir und den anderen Mitmenschen. Was brauche ich jetzt? Das einer der Nächsten aus der Familie oder dem Freundeskreis sieht, dass *ich* eigentlich der Andere bin, der versucht, zu überwinden, der neu sein möchte. Wie wichtig ist das für mich, dass ich gesehen werde, erkannt!

Die letzte Prüfung wird für mich an diesem Morgen sein, dafür einen Gesprächsraum zu öffnen, gegen das Wüten an, um dieser Neugeburt Raum und Kraft zu geben, wie sie Lea, unser Enkelkind von Indre und Jonas, eine Frühgeburt, auch braucht. Denn heute soll sie ein weiteres Mal operiert werden. Ich versuche in Ruhe meine Worte so zu formulieren, dass sie Licht in unsere Situation bringen können. Ein gegenseitiges Verstehen will sich noch nicht in Gänze einstellen. Da formuliert meine Frau die Bitte, gemeinsam für Lea zu beten. Ich stimme sofort zu und sage ein paar bittende Worte zu jedem Einzelnen der jungen Familie, bevor ich das Vaterunser spreche. Danach greifen wir unseren Gesprächsfaden nicht wieder auf. Eint uns letztlich unser gemeinsames Beten für Lea? Gabrieles Bitte gab zumindest die entscheidende Wende. Geheimnis.

Auf die bange Frage in der Nacht: »Wer wird mir helfen in der Klinik, wenn ich den Schutzraum hier verlasse?«, tönt es wie eine tiefe Wahrheit in meiner Seele, und warm fühlt es sich an: Nur du selbst wirst dir helfen können!

Die Türen der Klinik öffnen sich.

Im Nacherleben und Reflektieren der Situation wird es mir nochmals überdeutlich und tief empfunden: Das ist ja eigentlich der pädagogische, von Liebe getragene Blick: den anderen nicht in seiner Schwäche festzulegen, sondern da zu stärken – und sei es durch ein warmes Hinschauen –, wo sein Bemühen hinzielt und arbeitet. Auf das Werden des Menschen dürfen wir schauen und damit rechnen. Diese Haltung ermöglicht Wachstum, wie eine Pflanze, die den morgendlichen Sonnenstrahl – so scheint es – kaum zu erwarten vermag.

Alles wächst dem Licht entgegen! Die Fixierung auf das Unvollendete, auf meinen Fehler, ist das Lieblose. Weil ich somit dem Du die Entwicklungsmöglichkeit abspreche. Wehe dem, der nicht sieht!

Unsere Entzweiung sollte erst später in ein milderes Licht gerückt werden.

Und mein Orpheus?

Er ist und bleibt auch ein einsam Wandelnder. Allein steigt er mit seinem Begehren in die Unterwelt und erreicht das Tageslicht ebenso als Vereinzelter, dessen ungeheures Wagnis zunächst zu gelingen scheint, aber nur, um den Helden später umso deutlicher stürzen zu sehen. Lautlos ist der Fall, aber nicht weniger schmerzhaft und erschütternd.

Was bringt Orpheus mit an die Grenze? Warum scheitert er? In seinem Leben gibt es für ihn ein »Vor dem Scheitern« und ein »Danach«. Er kann den Beziehungsverlust nicht hinnehmen, sondern versucht alles, um ihn ungeschehen zu machen. Orpheus kann und will nicht allein sein im Leben, er sucht nach Wegen, die ihn wieder zu altem Glück führen. Die Einsamkeit ist nicht die Dimension, die er verwirklichen möchte. Er kann auch nicht ohne Schutzhülle, nur im eigenen Ton aufgehoben, existieren.

Wie klingt die menschliche Stimme? Wie klinge ich im Stein?

Eine Tonerfahrung im Stein kommt mir heute zu Hilfe. Auf meinem Spazierweg entlang der Klinik, die sich auf den Fildern schon einen Namen gemacht hat, führt eine Abzweigung in das Innere des Klinikgartens. Ein Areal aus blau angestrichenen Baumstämmen hat mich angezogen. Welche Sinneseindrücke würden hier auf mich warten?

Ich betrat den Raum, den die Baumpfähle bildeten. Die Baumstämme gaben zum Hindurchschreiten genügend Platz und führten zu einem Mittelpunkt. Hier stand ein großer Granitblock, den ich ganz umschreiten konnte.

An einer seiner Seiten befand sich eine tiefe Aushöhlung, kugelförmig und so groß, dass sich mein Kopf gerade bis zu den Schultern einführen ließ. Das tat ich – und befand mich im Handumdrehen im Stein. Ein drückendes Gefühl.

Jetzt wurde ich neugierig: »Wie klingt das?«

Ich nahm einen Ton, hob außen an und führte nun langsam meinen Kopf in den Stein wie unter einen Ritterhelm. Mit jedem Zentimeter veränderte sich auch der Ton, nicht nur die Stellung des Kopfes im Stein. Zunächst immer wieder neu überraschend und angenehm wiederhallend, bis er so nah kam und sich verdichtete, dass der Ton sich plötzlich gegen mich richtete. Der geringe Umraum zwang ihn auf seinen Sender zurückzuschallen. Er war nicht frei in seinem Schwingen und Klingen, sondern durch die harte Wand wurde er selbst starr und Waffe. Wo kippt der Sinneseindruck? Nochmals den Weg abschreiten, und dann stehe ich auf der Grenze zwischen Ton und Geräusch.

So oder so ähnlich muss es für Orpheus geklungen haben, als er in die Öffnung zur Unterwelt des Berges Tairos eintrat und ihm die kühle Finsternis des steinernen Weges entgegenschlug. Orpheus musste hier tönend in die Wand eintreten, selbst Goldader werdend oder ihrer Spur folgend. Sein Herz drohte auszusetzen, kalt schlug es den Takt eines Lebenszeichens. Orpheus wurde bereits hier in seiner Lebenskraft stark angeschlagen, so groß war das, was der Weg ihm abforderte. Sein eigenes Tönen war immer auch begleitet von einem kleinen Hinsterben. So ausgerichtet auf sein Ziel, das Zentrum der Gottheit in der Unterwelt, und eingepresst in die Schwärze des Weges war es Orpheus noch nicht zur Frage geworden, wie er die Rückkehr Eurydikes ins Leben würde begleiten müssen.

Ist der Weg selbst bereits ihre Neugeburt?

Der Rückweg wird für Orpheus dann noch beschwerlicher. Warum bricht er das Gebot und dreht sich um? Hat der große Held nur ein so geringes Maß an Selbstdisziplin, dass er hier scheitern musste? Welche Kraft lebt in seiner Seele, diesen Weg in den Stein zu wagen? Nie zuvor war er dem Himmel ferner. Und allein die Leier führt ihn hinab und weist ihm den Weg.

Wie modern erscheint hier Orpheus. Auch wir wissen ja um den Abgrund in und um uns. Und wie viel Mut müssen wir aufbringen, um mit unserem Erkenntnislicht hinabzusteigen. Ja, warum eigentlich dieser Gang in die Tiefe?

Die Antwort scheint mir eindeutig: Um zu sehen. Bewusst zu erkennen, heißt immer auch, einen Spalt zur Möglichkeit der Gestaltung zu öffnen. Nicht nur Held, sondern auch gebrochen ist diese Figur. Ein moderner Held, denn das wird ja von uns gefordert: dass wir uns immer wieder auf die Abrisskante unseres Seins stellen. Weiter arbeiten, im Licht der Erkenntnis.

Orpheus ist so tief unten im Schacht, wo der eigene Ton zur Bedrohung werden kann, weil er auf den Singenden zurückfällt. Auf seinem Rückweg liegt dann auch das Scheitern nahe, denn es lässt sich nicht einfach an den verlorenen Zustand anknüpfen, um ihn wiederherzustellen. Ja, Orpheus wagt viel und schlägt einen Weg ein, der ihn an seine Grenzen führt.

Und was war sein ursprüngliches Ziel? Mit seinem ganzen Wesen Musik zu sein. Wahrton um Ton. Im Sternbild der Leier verewigt, hat er dies erreicht.

Das Umdrehen, die Umkehr kommt einer Entkoppelung in seiner Seele gleich. Da gibt es etwas, worauf er in dieser konzentrierten Situation nicht zugreifen kann. Er hört Eurydikes Schritt nicht mehr, nichts gibt ihm Gewissheit, nur das Denken bietet ihm erste Sicherheit an. Die Wahrscheinlichkeit ist gegeben, dass sie noch hinter ihm geht. Hat Orpheus Geduld, kann er es erwarten?

Dann ein kurzer Schrei des Schreckens –
Stille, schwarz in Stein gelegt –

Ist das Wesen der Entwicklung in Orpheus verankert? Seine Musik verändert die Zuhörenden: Sie lassen sich erweichen, und das gilt sowohl für die Ober- als auch für die Unterwelt. Es ist zum Steinerweichen oder zum Gütigstimmen der Götter. Etwas kommt in Bewegung als Prozess der sich bildenden Gemeinschaft. Jede Orchesterfreizeit, die gut geführt ist, bringt das zum Erlebnis und spürbaren Ausdruck.

Für mich als Parkinsonpatient heißt das aber auch, dass ich nach dem Hören eines Konzerts für ein bestimmtes Zeitfenster die Laufbewegung selbstverständlicher und raumgreifender zur Verfügung habe. Geheimnis der Musik.

Orpheus trägt das Göttliche in sich. Er ist somit ein Wesen, das sowohl eine hohe Geistigkeit als auch den physischen Körper zur Verfügung hat. Und er hat eine Mission, die in der Tradition des Apollon und anderer Menschheitslehrer steht. Rudolf Steiner weist darauf hin, dass seit einem bestimmten Zeitpunkt in der Entwicklung der Menschheit der Keim für das später zu entwickelnde Denken über die Musik in die Empfindungsseele der Menschen gelegt werden soll.

Musik bereitet das Denken vor. Impuls dafür kann sich nur aus dem Inneren des Menschen entfalten.

> »Nun kommt aber alles Bewusstsein aus der Region des Lichtes, ebenso Musik und Gesang. Darum hatte die Musik, die auf dem physischen Plan wirkte, die Empfindungsseele das unterbewusste Empfinden: Das kommt aus Regionen, wo das Licht herkommt, Musik, Gesang, aus den Reichen des Lichtes.«[26]

---

26 Steiner, Rudolf, *Der Cristus-Impuls und die Entwickelung des Ich-Bewusstseins.*, Rudolf Steiner Verlag Basel, Dornach [5]2006, S. 26. (GA 15)

Parkinson und die Anforderungen an das soziale Umfeld

»Hilfe, ich habe ja auch Parkinson!« So klingt es immer wieder durch unser Haus. Gabriele, meine liebe Ehefrau, Partnerin, Freundin und seelenverwandte Begleiterin in Krisensituationen entlang des Grenzbereiches, ist häufig innerlich zu nah mit mir verbunden, wenn sie die Frage nach meiner Befindlichkeit nicht ruhen lässt oder nach Ursachen der verschärften Situation sucht. Dem Begleiter eines Parkinsonpatienten wird viel abverlangt. Zunächst muss er sich auf die wechselnden Zustände der Krankheit einlassen. So kann sich für die Begleiter aus »heiterem« Himmel eine gute Befindlichkeit des Patienten umgehend in eine Stresssituation wandeln. Dann treten die Parkinson-Symptome massiv auf, und der Betroffene zieht sich, gefesselt von Schmerz und dunkler Vorahnung, in sein Zimmer und in seine Innenwelt zurück. Sorgen können sich dann bei meiner Frau einnisten: Was ist, wenn ich auch krank werde? Können wir noch gemeinsam verreisen? Habe ich jetzt einen umfangreichen Dauer-Pflege-Auftrag?

Es gilt also für den Lebenspartner, die liebevolle Fixierung auf den anderen und seine Situation nicht zu groß werden zu lassen und dauernd zu leben. Man muss sich abgrenzen und eigene Freiräume pflegen. Warum sollte man nicht ein Malwochenende einlegen oder eine Städtereise nach Amsterdam mit einer Freundin buchen? Das Zu-nah-Dran am Partner führt in die Erschöpfung.

In all der Not, die durch aktuelle Situationen in ihrer Häufung entsteht, leuchten die Liebesgesten in ihren schönsten Farben eines behüteten Gartens. Ich muss dem Partner als Parkinsonpatient viel zumuten an innerer Not und Enge. Das ist dann schmerzhaft für beide. Und es entstehen für den Begleitenden Fragen, die zuzulassen sind:

- Kann und will ich das alles leben?
- Muss ich mich trennen?
- Wo bleibe ich, wenn sich zu oft alles um ihn dreht?

Der Partner kommt so eventuell in die Situation, sich ganz neu für oder eben auch gegen diese Beziehung entscheiden zu müssen. Auf diesen Prozess sollte der Erkrankte mit Vertrauen blicken. Vielleicht steht eine Trennung an, die für beide dann neue Gestaltungskräfte fordert. Wenn aber das neue Bekenntnis die Krankheit mit einschließt, ist diese Liebesgeste zutiefst beglückend! Viele bittere Momente verblassen dagegen im Nu.

So erlebe ich es auch mit meinen Söhnen, die stets mit Hingabe bereitstehen, um mir den Gang zum Zahnarzt oder den Einkauf zu ermöglichen. Lernen können alle Betroffenen aus der neuen Situation. Und wie oft haben die Kinder mich schon »getragen«, mich begleitet und mir Unterstützung zukommen lassen!

Was lernen sie selbst dabei? Sie sehen den Vater in der ihn überfordernden Krise, aber sie erleben auch seine Durchhaltekraft. Damit rechnen sie auch – immerhin ist es der Vater! –, und das Vorbild kann eigene Lebenskraft erwecken. Der übende Mensch wird im weitesten Sinne sichtbar. Leben ist also Auseinandersetzung und schöpferischer Prozess. Auch für die begleitenden Angehörigen.

Parkinson intensiviert Beziehungen. So fand ich dank der Krankheit den Freiraum, mit Eltern und Kollegen im Einzelgespräch Lyrik zu betrachten und auf verschiedene, große Themen zuzugehen. Jetzt bekam ich das Angebot einer Orchestermusikerin, mir Geigenunterricht zu geben. Ein Glücksfall. Ich liebe es, meine alte Geige – die ich schon zum Verkauf freigegeben hatte, aber in fünf Jahren keinen Käufer fand –, dieses Instrument meiner Kindertage erklingen zu hören und selbst zu spielen. Daneben bieten mir befreundete Therapeuten ihre Qualifikation und Dienste an. Wir begegnen uns auf neuen Ebenen. Kollegen der Schule besuchen mich, bis hin zur wöchentlichen Regelmäßigkeit. »Der Besuch tut mir gut und dir offensichtlich auch, ich komme jetzt jede Woche!« Und so sitze ich mit dem über Jahre vertrautem Geschichtslehrer Woche für Woche zusammen, und wir pflegen das Gespräch und unsere gemeinsame Textarbeit. Parkinson sei Dank! Er macht sichtbar und lässt auch im Sozialen die schönsten Knospen hervortreten.

Der Parkinsonpatient muss im Bewusstsein haben, dass er dem Lebenspartner bewusst aufgesuchte und gestaltete Freiräume geben muss, ihn aus der Enge der Krankheit entlassen sollte, um stärker das Eigene zu leben. Die Malkurse sind für Gabriele genauso unantastbar wie das Bekenntnis zu der gemeinsamen Zeit. Sind die Malkurse in Griechenland, so bin ich dann auch zwei Wochen allein, gestützt von allerlei Freundeskraft, geplant und angeregt von meiner wohlsorgenden Frau.

Parkinson will alle als sich vertiefende Gestalter sehen, die Krankheit fordert und fördert. Ein Entwicklungsbeschleuniger, ein Turbo, wie es ein Kollege mir aufmunternd zurief. Für einen geschätzten Klassenlehrer einer Waldorfschule ein ungewohntes Bild, aber es ist wohl auf den Empfänger hin abgestimmt. Oder?

Immer wieder fordern mich meine Mitmenschen auf, und dabei erhellt sich ihr Gesicht, ich möge mein Lachen und meinen Humor nicht verlieren. Die Ansicht, dass Humor eine zu hütende Kostbarkeit sei, teile ich unhinterfragt.

Das Wort »Witz« leitet sich vom mittelalterlichen »diu wizze« ab und referiert damit auf den Geist, und erst ab dem 19. Jahrhundert ist mit »Witz« die literarische Gattung von Texten gemeint, die den Leser in kürzester Zeit zum Lachen bringt. In der Formulierung, der »hat Witz«, ist der Geist noch enthalten, spricht man dem Gemeinten doch eine gewisse Schläue zu.

Das Lachen selbst hat einen hohen Wert. Warum? Was geschieht, wenn ich lache? Lachen steckt an, das kennen Sie, gemeinsam über etwas zu lachen, steigert die Intensität. Es liegt aber noch ein weiteres im Lachen. Gehe ich der Geste mit Verständnis nach und befrage das Verhältnis von Ich und Welt, so fällt auf, dass Lachen Distanz ermöglicht. Denn eine komische Situation reizt deshalb zum Lachen, weil die Disharmonie zwischen dem, wie es ist, und dem, wie es sein sollte, erkannt wird. Man löst sich von der komischen Situation, weil man es nicht aushält und den Abstand zwischen Ich und Welt braucht. Humor ermöglicht ein Darüberstehen. Über den Dingen zu stehen, meint in der Regel, sich nicht vereinnahmen zu lassen, auch als Akt der gesunden Selbstbehauptung, der Fesselung nicht erliegen zu müssen. Nichts schöner als ein treffender humoristischer Beitrag während einer verfahrenen Konferenz, der Dampf ablässt und verhindert, dass Hemdknöpfe platzen. Man nimmt Abstand und kann sich anschließend neu orientieren. Wolfgang Borchert beschreibt in seiner Kurzgeschichte »Ching Ling« einen Gefängnisinsassen, der in seiner Zelle eine Fliege beobachtet und – selbst einmal Schicksal spielen wollend – die Fliege mit einer Hand zu fangen versucht, was nicht gelingt. Die Fliege zwinkert ihm zu und sagt, dass man stets über dem eigenen Schicksal stehen müsse. Der Gefangene erkennt die Weisheit der Aussage und nennt die Fliege Ching Ling. »Das ist Chinesisch und heißt: Die glückliche Stimmung.«[27]

---

27 Borchert, Wolfgang, »Ching Ling, die Fliege«, in: Ledig-Rowohlt, Maria, *Humor des 20. Jahrhunderts.* Rowohlt, Hamburg 1984, S. 26ff.

Humor ist eine Aufrichtekraft, eine Ichtätigkeit. Ähnlich wertvoll ist das Weinen. Der geneigte Leser möge sich selbst beobachten, um die Frage beantworten zu können, warum Lachen und Weinen als Geschwister bezeichnet werden können.

In Momenten der Enge, die der Parkinsonpatient immer wieder erlebt, ist der Humor ein Tür- und Fensteröffner. Er harmonisiert und führt in den Atem. Nicht ohne Wärme.

Das scheue Wort

Es war ein scheues Wort.
Das war ausgesprochen
Und hatte sich sofort
Unter ein Sofa verkrochen

Samstags, als Berta das Sofa klopfte,
Flog es in das linke, verstopfte
Ohr von Berta. Von da aus entkam es.
Ein Windstoß nahm es,
Trug es weit und dann hoch empor,
Wo es sich in das halbe, bange
Gedächtnis eines Piloten verlor.

Fiel dann an einem Wiesenhange
Auf eine umarmte Arbeiterin nieder,
Trocknete deren Augenlieder.
Wobei ein Literat es erwischte
Und, falsch belauscht,
Eitel aufgebauscht,
Mittags dann seichten Fressern auftischte.

Und das arme, missbrauchte,
Zitternde scheue Wort
Wanderte weiter und tauchte
Wieder auf, hier und dort.
Bis ein Dichter es sanft einträumte,
Ihm ein stilles Palais einräumte. – –

Kam aber sehr bald ein Parodist
Mit geschäftlich sicherem Blick
Tauchte das Wort mit Speichel und Mist
In einen Aufguss gestohlener Musik.

So ward es publik.
So wurde es volkstümlich laut.
Und doch nur sein Äußeres, seine Haut,
Das Klangliche und das Reimliche.
Denn das Innerste, Heimliche
An ihm war weder lauschend noch lesend
Erreichbar, blieb öffentlich abwesend.

Joachim Ringelnatz[28]

---

28 Ringelnatz Joachim, *Zupf dir ein Wölkchen. Gedichte.* Günther Stolzenberger (Hrsg.), Deutscher Taschenbuch Verlag. München ³2012, S. 86

Briefe an Siegrid III

Von der Ichkraft

Liebe Siegrid,

> EINMAL
> *Da hörte ich ihn,*
> *da wusch er die Welt,*
> *ungesehn, nachtlang,*
> *wirklich.*
>
> *Eins und Unendlich,*
> *vernichtet,*
> *ichten.*
>
> *Licht war. Rettung.*
>
> *Paul Celan*

Gehe ich auf dieses Gedicht von Paul Celan[29] ein, so habe ich vor meinem inneren Auge eine Landschaft mit Häusern, die ich aus der Vogelperspektive sehe. Ich bin der Betrachter oder Zeuge und schaue auf den Vorgang, der von dem lyrischen Ich im Text nur gehört werden kann. Aus dem Himmel stürzt das Unwetter, Wolken ergießen Unmengen von Wasser, es ist Nacht, und Blitze erhellen die Landschaft, die sich mir von oben wie ein Relief

29 Celan, Paul, »Einmal«, in: *Gedichte in zwei Bänden.* Suhrkamp, Frankfurt a.M., 1983, S. 107.

zeigt, gehe ich nur weit genug von der Erde weg. Dieses Unwetter ist grunderschütternd und anhaltend. Kein Mensch ist zu sehen. Alles ist in Silber, Grau und Schwarz getaucht. Dazu eine nächtliche Bläue. Ich höre also nicht nur, sondern sehe dieses Unwetter auch. Es ist existenziell, für jeden eine Frage an sein Leben.

Das reinigende Unwetter führt uns an den Kernpunkt unserer Existenz – und damit zu den grundsätzlichen Fragen. Keine bequeme Erwägung oder kein rein gedanklicher Disput, sondern es ist »wirklich«, hat Seinscharakter und ist nicht nur gedanklich vorgestellt. Es ist auch physisch und zielt damit bis ins Herz. Nur hier kann etwas »wirklich« geschehen.

Mit der Reinigung geht die Vernichtung einher, alle Menschen sind davon betroffen, vom ersten bis zum letzten spüren sie diese Vernichtung. Der die Menschheit umspannende Vorgang trifft alle, er unterscheidet nicht und macht keine Ausnahmen. Diesem Todesprozess stellt sich aber eine Kraft entgegen. Sie ist im Tod als Auferstehungskraft bereits bis ins Sprachliche hinein enthalten: das »Ichten«.

Die Ich-Kraft des Einzelnen. Aus sich selbst geschöpft. Eine Kraft ganz innen, aus meiner Mitte. »Ich bin dein Ich«, so die Worte Christi in einem Spruch von Rudolf Steiner. Die Ich-Kraft ist durchzogen von der Christussubstanz. Jetzt kann dann auch »Licht« sein. Als Rettung. Was ist das für ein Licht? Es ist das im Einzelnen aufleuchtende Gotteslicht. Es ist ein Innenlicht, das entsteht, weil alles sich dem »Wirklich« stellen musste und als Verwandlung durch den Todesprozess gehen sollte. Opfer, Selbstlosigkeit. Dann kann Rettung sich einstellen und der neue Mensch (und mit ihm das neue Jerusalem) ist geboren. Weil Gott innen, durch die Ich-Werdung und -Kraft des Einzelnen Wirklichkeit geworden ist. Sich im Innern aufleuchten sieht. Es ist auch von der Geste her eine Umstülpung, die durch den Punkt der Enge und der Wandlung hindurch muss, um Umstülpung zu sein.

Der ganze Prozess ist dem Sichtbaren enthoben und wird gehört. Wer hört ihn? Der Vorgang hat seine Wirklichkeit im Geistigen.

Warum berührt mich dieses Gedicht von Celan von jeher? Weil ich den Vorgang nachzuempfinden versuche und in einer Lebenssituation bin, die nur Wahrhaftigkeit in gewisser Weise duldet. Daran wird man gemessen in seinem Streben. (Von wem?) Aber immer gilt auch: Auf den Menschen wird nicht ohne Liebe geschaut!

Ich darf darauf vertrauen, dass ich in meinem Bemühen, in meinem Streben erkannt und nicht etwa an einem absoluten, vollendeten Ergebnis gemessen werde. Die Gottheit gibt aus Gnade das Fehlende hinzu. Den Mechanismus der reinen Selbsterlösung gibt es nicht. Dieser Gedanke ist nicht menschgemäß.

Christus hat sich in Liebe mit dem Schicksal der Erde und der Menschen verbunden. In uns möge sein Licht leuchten.

Licht war. Rettung.

Das letzte Wort impliziert das Gesagte. So darf ich immer hoffen, dass ein Gott meine Scherben und damit mich selbst wieder ins Ganze liest.

Liebe Siegrid, du hast meinen ersten Brief zur Frage nach der Wahrheit gewogen und als zu leicht befunden. Dein Urteil kann ich nachvollziehen, weil ich mich in gewisser Weise in der Darstellung des Briefes entziehe. Nimm diese Zeilen der Schrift als einen zweiten Schritt auf dem Weg nach der Frage der Wahrheit. Ich füge hinzu: Im Kern ist meine an das Leben gestellte Frage die Aufgabe: standzuhalten. Die innere Mitte zu stärken und so viel menschgemäße Substanz als Herzenskraft im Leben zu entfalten, dass ich standhalten kann und durch ein neues inneres Vermögen oder eine neue Qualität, die es zu bilden gilt, ins Leben und zum Geist finde.

Es gibt gewiss noch einen dritten und von dem aus weitere, sich anschließende Schritte zur Wahrheit hin. Die Selbsterkenntnis geht ja auch stets mit Entwicklung einher. Noch kommen mir die Worte zu schnell in den Mund, es sind Begriffe, keine Boten. Keine Künder, die Sprache als Instrument oder Werkzeug, das dem Geistigen den Weg zur Offenbarung, zum eigentlichen Hören ebnen will. Ist das erreicht, so wird das Wort zum Raum, in dem höhere Erkenntnis eintreten kann. Dafür wird das Schicksal mich noch weiter umschmelzen und läutern müssen. Der Schlüssel liegt im Schmerz und Leid. Sie bilden das Seelenauge. Lassen uns hören. Erkennend begegnen. Und eine weitere Voraussetzung ist, dass ich ein Übender bleibe, ja, noch mehr werde.

Ich freue mich, von dir zu hören.
Herzlich, dein Martin

Der Inhalt dieses Briefes spiegelt meine Überzeugung wider, dass dem Ich eine zentrale Rolle bei der Bewältigung von Lebenskrisen zukommt. Aber das wirft einige Fragen auf: Wer oder was ist das Ich? Ist es das Ergebnis meiner Hirntätigkeiten? Ist das Ich entwicklungsfähig oder statisch? Erste Gedanken dazu mögen einen Erkenntnishorizont zeichnen.

Das Ich ist mein Wesenskern, unteilbar und nicht antastbar in seiner Würde. Das Grundgesetz schützt diesen Bereich des Menschen gleich in seinem ersten Artikel. Der blinde Widerstandskämpfer Jaques Lusseyran, der in Frankreich zur Zeit des Zweiten Weltkrieges im Untergrund gegen die fremde Nazimacht arbeitete und später dafür in ein Konzentrationslager verschleppt wurde, unterscheidet in seinen Ausführungen *Gegen die Verschmutzung des Ich*[30] das Ego des Menschen von seinem Ich. Egoanteile in mir finde ich überall dort vor, wo ich auf meinen Vorteil und Nutzen blicke, ohne auf die Bedürfnisse der anderen Mitglieder einer Gemeinschaft zu achten. Egokräfte ziehen letztendlich Schwere an, ihnen fehlt Beweglichkeit und die Möglichkeit, zu verlebendigen. Es sind Fesselungen. Und dennoch muss man auch auf sich schauen können, die eigenen Bedürfnisse ernst nehmen und leben. Die Frage nach der individuellen Entwicklung ist dabei immer mit zu berücksichtigen.

> »Das Ego, das ist diese Kraft, die uns untereinander zu entfremden droht ... je mehr wir nur wir selbst sein werden, desto mehr werden wir allein sein.«[31]

Das Ich ist also mit dem Ego nicht zu verwechseln. Wie grenzt Jacques Lusseyran das Ich ein?

---

30 *Gegen die Verschmutzung des Ich*. Stuttgart 1972, S. 7ff.
31 ebenda

> »Das Ich ist Reichtum inmitten der Armut; es ist das Interesse, wenn alles um uns herum sich langweilt. Es ist die Hoffnung, auch wenn alle objektiven Chancen zu hoffen verschwunden sind. Aus ihm stammt die ganze Erfindungswelt des Menschen. Und schließlich ist es das, was uns übrigbleibt, wenn uns alles andere entzogen ist, wenn uns gar nichts mehr von außen zukommt und unsere Kräfte doch genügend groß sind, um diese Leere zu überwinden.«[32]

Das Ich sei wie ein Impuls, eine Art Schwung, Kraft oder eine Verheißung. Auf die Frage nach den Wachstumsbedingungen des Ich findet Lusseyran eine erste Antwort: »Es nährt sich ausschließlich nur von den Bewegungen, die es selbst macht.«[33]

Lausche ich einen Moment mit der Frage nach dem Ich in mich hinein, so tauchen in mir Situationen auf, die Ichqualitäten zeigen. Während meines Studiums in München habe ich mit meinem Freund Jörg P. viele Wanderungen in den Alpen unternommen. Bei größeren Bergtouren kamen wir immer wieder an den Punkt, an dem wir uns überwinden, die letzten Kräfte (bei mir traten diese Momente eher ein als bei Jörg, der bergerfahren, zäh und trainiert war) mobilisieren mussten, um das Ziel zu erreichen. Schritt für Schritt wurde dann der Weg zur Qual, mussten wir uns überwinden und uns weitertragen. Auch über unsere (ersten) körperlichen Grenzen hinaus.

Wer führt auf dem Weg die letzten Meter? Das Ich, das den Willen ergreift und die Beine fordert und führt? Wer überwindet die Schwere, trägt den Schmerz und hält aus?

32 ebenda, S. 9
33 ebenda, S.12

In der gleichen Situation befinde ich mich heute mit meinem Parkinson. Wie oft muss ich gegen Schwere verlebendigend anarbeiten, etwas tun, um das Tor für eine mögliche Veränderung in der jeweiligen Situation zu öffnen? Wer lässt mich meinen Schmerz der Einsamkeit und Verletzung halten, dass er nicht in Gänze Besitz von mir ergreift? Wer verhindert, dass ich nicht ganz in dieser Wunde aufgehe – und damit auch selbst dieser Schmerz werde? Da kommen mir immer wieder Bilder von Situationen, in denen das Ansinnen, sich nicht von dem Gefühl übermannen zu lassen, gelingt.

Es gibt aber auch Situationen, in denen das Ich, die gute Intention, völlig machtlos ist und wie eine Feder im Sturm weggeblasen wird. Keine Einsicht, kein Vorsatz, keine Strategie, die mein Handeln in kürzester Zeit auf bessere Wege zu lenken vermeint, hindert den Trieb oder die Begierde, sich ihre Befriedigung zu nehmen. Was bleibt, ist eine Verwüstung aus der Macht der »Angelwunde« heraus. Keine Einsicht, kein Vorsatz. Nicht selten sucht sich diese übermannende Gewalt in der Nacht ihren Zeitpunkt und Ort der Verwirklichung.

Wie verhält sich das Ich in der Situation und danach? Zunächst agiert es aus der Position der Schwäche und muss dem Ego das Feld überlassen. Welche Wesenheiten treten hier in der Seele auf?

Vor diesem Überrannt-Werden tritt in meiner Seele dann Angst auf, hat doch mein Gewissen klare Worte gefunden und gesprochen, der Kritiker in mir ist nicht gerade von Stimmlosigkeit geplagt, sondern ist laut vernehmlich. Dagegen anzugehen, kostet dann auch Kraft.

Wie oft muss ich noch von diesen Seelenabgründen übermannt werden, bis meine Einsicht greift? Was geschieht in mir durch diese Erlebnisse? Diese Unvollkommenheit muss man erst einmal aushalten! Auch annehmen. Als Voraussetzung für eine Neuerung. Wächst so die Kraft meines Ichs?

Üben, wiederholen und reflektieren sind wesentliche Aspekte des Prozesses, der mein Ich wachsen und erstarken lässt. Im Zentrum steht die Tat: Ich muss es selber tun, dann gehört es zu mir, dann werde ich diese neue Qualität selbst!

Was erlebt das Ich in der Nacht während des Schlafes? In welche Sphären der Erfahrung und Tätigkeit kommt das Ich im Nachtodlichen? Das sind sehr weit führende Fragen, und sie mögen als Anreiz gelten, eigene Beobachtungen zu tätigen und daran Fragen zu bilden. Rudolf Steiner beschreibt in seinen Vorträgen den Weg der Seele im Kosmos während der Nacht, und ebenso blickt er auf die Situation der Verstorbenen. Zentral für diese Erkenntnisse ist auch der Gedanke von Reinkarnation und Karma. Damit ist das mehrfache Zur-Welt-Kommen, ein Sich-Inkarnieren eines jeden Menschen gemeint, um die eigenen Entwicklungsschritte tun zu können. Jeder Einzelne findet sich dann in einem Wirkungs- und Beziehungsgeflecht seiner Taten vor, die nicht bedeutungslos sind.

Eine Besonderheit meines Ich-Bewusstseins liegt darin, dass ich von meinem Gegenüber Abstand nehmen kann. Es ist eine Distanz, die es ermöglicht, dass ich bei mir bin. Ich lebe also als Grundgefühl eine Zentrierung, habe ein Punktbewusstsein gegenüber meinem Umkreis, gegenüber der Welt. Vereinzelung. Diese Sonderstellung des Menschen innerhalb der Schöpfung wird im Lebenslauf immer wieder intensiviert durch existenzielle Erlebnisse der Einsamkeit. Sei es, dass ich im Sozialen an den Punkt komme, mich als einsam oder zurückgeworfen und nicht angenommen zu fühlen. Wenn ich dieses Gefühl ganz nach innen ziehe, kommt es bis zum bewegungslosen, erstarrten Schmerz. Die Vereinzelung als Todespunkt, als ein Punkt, an dem die Lebensfähigkeit in Frage gestellt wird. Wie komme ich aus dieser Starre wieder heraus?

Wie löse ich die Abkapselung von der Welt wieder auf in einen lebendigen Prozess? Wir haben als Geste und Lebensgefühl eine notwendige Zentrierung, ein In-den-Punkt-Steigen, bis wir ganz bei uns sind. Oder müsste ich sagen, bis wir ganz in die Erstarrung, Menschenferne oder sogar Gottesferne gestiegen sind? Und die notwendige Erlösung führt mich wieder in die Anbindung an die Welt, wieder in die Welt hinein. Diese Erlösung kann ich zu einem Teil selbst herbeiführen, indem ich mich bewusst mit meinen Sinnen in die Wahrnehmung und damit in die Welt stelle. Schaue, höre, rieche ...

Der Impuls dazu geht bewusst von meinem Ich aus, es verlässt die Zentrierung des Punktes und sucht den Umkreis auf. Oder – und damit meine ich einen inneren Entwicklungsweg –, ich nehme mich dem Anderen gegenüber so weit zurück, kehre so weit nach innen, dass ich ein Innenraumbewusstsein entfalte und kultiviere, sodass ich in ein inneres Wahrnehmen komme, das aber nicht nur um sich selbst kreisend erleben möchte. Es findet eine Umgestaltung statt, in deren Prozess ich raumbildend eine Schale schaffe (oder werde), die lauschend nach innen empfangen möchte, was sich aussprechen will.

Ich gehe also nicht nur über meine Sinneswerkzeuge zurück in die Welt, sondern ich öffne mich und es öffnet sich mir innen ein neuer Raum, eine neue Dimension in die Transzendenz hinein, sodass sich langsam neue Wahrnehmungsorgane (für das Geistige) bilden.

Dieser Zustand, der sich allerdings nur nach einem langen Weg der Übung eröffnet, bedeutet dann eine Weiterentwicklung und Verlebendigung auf einer neuen Lebensstufe, weil ein Durchgang durch die eigene innerste Zentrierung getätigt wurde. Ohne die Kategorien von Schmerz und Leid weitet sich aber die Seele hier nicht. Vielleicht gelingt es so, sich langsam in das eigene und nicht immer einfach anzunehmende Schicksal hineinzutasten.

Was gehört in diesem Sinne nicht alles von Beginn an zu mir? *Zu mir*, weil es mich meint und meine nächsten Schritte der Entwicklung sehen möchte. Kann ich nicht auch meine Krankheit in diesem Sinne als zu mir gehörig und sogar als wertvoll erleben?

Man sollte einmal versuchen, die eigene Situation, die eigenen Taten und Gedanken wie von einer Position außerhalb von mir aus zu betrachten.

Gibt es nicht in mir eine Instanz, die das sogar fordert? Das Gewissen spricht aus solch einer Unabhängigkeit in mir und über mich. Ebenso der heute immer häufiger im Munde geführte Ansatz der Achtsamkeit. Und auch der Versuch, meine Situation, meine Taten und Gedanken wie von außen zu betrachten. Es gilt, eine Einheit von Ich und Welt zu schaffen, die den Standpunkt der Gottesferne erlebt und als Todespunkt durchschritten hat, um sich dann umstülpend auf den Weg zu einer neu gewonnenen, höheren Einheit von Selbst und Welt, ja Kosmos mit einem erweiterten Bewusstsein durch neue Fähigkeiten zu machen. Heinrich von Kleist beschreibt diesen Weg in seinem Aufsatz »Über das Marionettentheater« als ein Wiederfinden des Paradieses durch die Hintertür.

Als Parkinsonpatient kann ich das Gemeinte im Hinblick auf die Bewegung veranschaulichen. Denn wie oft befinde ich mich in einem Zustand des Festgefroren-Seins, in dem die Beine sich zunächst nicht mehr bewegen lassen. Heraus aus dieser Falle komme ich nur mit Geduld, Atem und, das ist das Entscheidende, wenn ich auf meine auszuführende Bewegung vom Ziel her, von außen vorgreife. Es klingt paradox, aber ich muss mir innerlich das Ziel vor Augen führen, um dann im nächsten Schritt dafür zu sorgen, dass ich mich wie von außen betrachte und aus dieser Situation herbeiführe, dass ich mich in Bewegung bringe. Das ist ein anderer Ausgangspunkt als der, der mir zur Verfügung steht, wenn ich ganz eigenständig meine Schritte führen darf. Das hilft mir dann oft, wenn ich willentlich versuche, meine Beine in die Aktivität zu bekommen. Bezogen auf mein Schicksal ergibt sich daraus die Frage: Wer lässt mir dieses zukommen? Gibt es die Instanz eines höheren Ich? Was unterscheidet dann dieses höhere Ich, das ich zunächst so nicht einfach erlebe, von meinem irdischen Ich? Man kann hier ahnen, wie sich das Menschenbild aus dem Punkt heraus erweitert.

Ein tiefes Erlebnis im Sinne einer Ahnung kann der eigene Blick des Nachts an den Sternenhimmel ermöglichen. Wie weitet sich dann die Seele in diesen Kosmos hinein! Und welch ein Sich-Wundern über Mensch und Welt kann sich daraus als erhabenes Gefühl einstellen.

Das Ich des Menschen bleibt immer auch ein Rätsel, eine Lebensfrage.

Holly, oh Holy –

Der Spatz in der Hand

Für mich bedurfte es keines weiteren Beweises: Dass Holly eigentlich *Holy* heißen müsste, war erkennbar, längst Erfahrung für mich.

Die Kollegin aus dem Förderbereich der Schule hatte die Aufgabe, Schüler zu stützen, zu begleiten und zu fordern, um Entwicklungshürden mit ihnen zu meistern. Ihre feine, zugewandte Art gab den Schülern schnell eine Sicherheit in den zwischenmenschlichen Beziehungen, die Holys Fundament waren, um Lernschritte an ihrer Hand zu tätigen. Holly war aber nicht einfach wegen eines Sprachspieles *holy*, sondern aufgrund ihrer Taten. In ihrem Charakter lebte Verschiedenes: Zartheit, Entschiedenheit, Cholerik und Wut, Einfühlungsvermögen und Liebesgesten, um nur einiges anzudeuten.

Wir treffen uns alle zwei bis drei Wochen, arbeiten an Texten oder lenken das Gespräch auf Ereignisse, die uns bewegen.

So auch im vergangenen Monat. Wir betrachteten gemeinsam Sachtexte von mir, die vor ihrem Urteil bestehen mussten. Dabei entstand für uns die Frage: Wie viel Persönliches darf dieser Auszug haben? Zeigt sich der Verfasser selbst genügend oder verdeckt er sich hinter fremden Federn? Letztlich war ihre Antwort deutlich, ich möge mich mehr zeigen. Dann kamen wir zum Ende unseres Gesprächs. Zu Hause hatte Holys Gatte das Mittagessen bereitet und erwartete sie bis 14 Uhr. Sollte sie später kommen, so habe er bereits gegessen. Punkt um. Und das nach so vielen Ehejahren? Oder gerade deshalb? Der Zeiger der Uhr fiel auf 13.30 Uhr, als wir die männliche Erwartungshaltung unter der Kochmütze betrachteten, ein Abschiedswort und Dank an den Gesprächsraum, den wir gerne betreten. Dann ein kurzer Schreck, weil ein dumpfer Schlag von der Terrassentüre zu vernehmen war. Wir schauten erstaunt, die Ursache war dann aber schnell benannt: Ein Vogel war gegen die Scheibe geflogen.

Der Spatz sitzt auf dem Boden unserer Terrasse und atmet schwer. Mein erster Gedanke: »Lass ihn liegen, Holy, er muss in Ruhe zu sich kommen können.« Sie antwortet, er benötige Wärme. So öffnet sie die Tür, spricht den Vogel vorsichtig an und nimmt ihn sogleich mit einer Hand zu sich.

Ein rührendes Bild …

Und der Vogel?

Er lässt es geschehen, seine Augen sind ganz geschlossen und er zittert jämmerlich ohn' Unterlass. Angst auf seiner höchsten Stufe, da er existenziell bedroht ist.

Im Schutzraum der Hände kommt der Spatz langsam zu sich. Wir können die Schritte der Beruhigung in seinem Körper gut beobachten: Zunächst bleiben die Augen für einen längeren Zeitraum geöffnet, dann strafft sich sein Körper – und zuletzt löst sich eine der verkrampften Krallen. Das reicht. Von oben herab führt der Weg der Erlösung, vom Köpfchen bis zu den Füßen geht die Aufrichte. Und wenn man später fliegen will, frei sein möchte, muss ich ganz in den Körper eintauchen und ihn ergreifen.

Das erlebe ich hier auch und nicht anders. Von oben nach unten zieht der Baumeister in seinen Körper ein.

Der Vogel – einzig dadurch vorbereitet, dass er in Holys Händen gesessen hat – braust mit eiligen Flügelschlägen in die Höhe und eilt davon. Die Weite des Himmels steht ihm offen, so weit, wie ihn seine kleinen Flügel tragen.

Den Wert der Freiheit erfasst man erst dann wirklich, wenn man diese Freiheit eine Zeit lang entbehren musste. Der Verlust öffnet die Augen für die Situation, nicht nur in der man ist, sondern auch für die, in der man war.

In diesem Moment, in dem ich diese Zeilen schreibe, bin ich in die Angst geworfen. Meine Beine sind wie festgezurrt und unter Strom. Ich befinde mich seit gut zwei Stunden an einer Stelle des Hauses, gebannt und fixiert an den Boden. Weggehen nicht möglich. Ein Ende des Zustandes ist nicht abzusehen, der Schraubstock ist noch gut bei Kräften und hat mich in der Zange.

Schmerzen muss ich aushalten. Was gäbe ich dafür, jetzt gehen zu können, einfach aufstehen und heruntergehen zu können, ins Wohnzimmer, vor die Haustür, aufs Feld!

Aber ich werde in die Zentrierung geworfen, bleibe bei mir, eine Innenperspektive ist gefordert. Dann kommt Samuel, der jüngste Sohn, sieht, dass Vater Hilfe braucht, stabilisiert werden müsste. Und er hilft, indem er Fragen an meine Kunstwerke, die in meinem Zimmer stehen richtet: eine Plastik von Erich Glauer und die Darstellung des Heiligen Franz von Assisi. Wir beobachten die Figuren und stellen Fragen. Langsam löst sich meine Erstarrung. Ich komme in Fluss, Bewegung ist wesentlich. Sein späteres Weggehen ruft die Symptome wieder auf. Dann der Gedanke: Schenkt mir diese Einschränkung in Form des Verlustes an Mobilität letztlich nicht ein Mehr an Freiraum? Meine Möglichkeiten wachsen doch! Zudem beherrsche ich ja die Gleichzeitigkeit von Schmerzempfinden einerseits und Darüber-Schreiben andererseits immer besser, solange der Schmerz sich in Grenzen hält. Warum dieses Alleinsein? Ist Einsamkeit eine notwendige Erfahrung? Diese fünf Stunden, in denen ich unter Schmerzen auf einem Stuhl sitze? Die Zeit verrinnt dann nicht, sie pocht, jedes Sandkorn wird einzeln von der Zukunft über die Gegenwart in den Abgrund der Vergangenheit gestoßen: Zeit schleicht.

Warum diese Vereinzelung? Der Mensch ist doch ein soziales Wesen, auf Begegnung und Gespräch hin angelegt! Es ist wie ein Sich-Ballen, wie ein Zentrieren der Kraft. Das sind dicke Bretter, die in mir gebohrt werden wollen. Kellerarbeit. Der Schmerz nimmt mich an seine Hand. Sie ist rau. Aber ich erahne neue Räume. Es ist mühsam, das alte Muster ist so beharrlich, denn es wird nur schwer umgeschrieben. Aushämmern, wegbrennen, vertiefen, verankern, meins werden, ich, Licht. Wärme.

Ohne Geduld und Ausdauer zeigt sich das Neue nicht in mir. Arbeit im letzten Lebensabschnitt, Schicksal der eigenen Person. Damit es zu klingen anhebt. Nicht das Egoistische. Größere Töne, orphisch, sind das Ziel. Und sei es, dass mir nur einer gelingt.

Der Spatz hat zunächst sein Gefieder und dann sich selbst wieder aufgerichtet; bereit für den Flügelflug. Er war gebettet und behütet von Holys Händen. Es sind schöne Hände. Heilende Hände bringen Bewegung, bringen Leben zurück. Das ist wichtig, um weitergehen zu können …

Nachklang: Als ich am nächsten Morgen wieder eingefroren bin und eine Panikattacke die nächste ablöst, stellt der jüngste Sohn die Frage, wo in dem üblichen Prozess ich gerade sei. (Treffend gefragt im Hinblick auf die Situation und meinen Zustand!)

Seine Absicht ist, mit der Frage Bewusstsein zu schaffen. Es ist eine Frage der erwachenden Bewusstseinsseele. Ich bin dem Prozess ausgeliefert, stehe aber auch mit einem halben Fuß draußen und bin somit in der Lage, den Zustand auch zu betrachten. Somit habe ich einen ersten Abstand, den ich notwendig für eine Reflektion brauche.

In meinem Tagesbewusstsein laufen zwei gegensätzliche Prozesse ab. Zum einen pocht von unten die Angst herauf, Panik will sich ausbreiten. Stark dissoziierende Kräfte wallen dann in meiner Seele. Alles drängt und fordert Wachheit. Zum anderen habe ich unterschiedlich stark das Gefühl, dass sich in meinem Kopf alles wattig anfühlt und eine große Kraft oder Hand versucht, mich in den Schlafzustand zu ziehen, was ich stets zu verhindern suche, da ich fürchte, die Kontrolle zu verlieren. So muss ich eine Mittekraft finden und halten. Dieser Zustand dauert mehrere Stunden.

Der Spatz wird ohne Scheu sein Leben unter dem Himmel und auf der Erde fortsetzen.

Welche Erwartung habe ich an den offenen Horizont?

Mir fallen Worte spontan in den Mund: Weniger Schmerzen, eine Befreiung aus der Not, so wie Florestan in Beethovens Oper »Fidelio« auf die rettende Gattin hofft. Wer aber darf denken, dass das Maß des Leidens voll ist? Geheimnis. Und: Möge unter den Menschen wahre Liebe und das Bemühen um diese Kraft weiterleben, um zu erblühen.

Die helfende Hand ist wichtig, dann geht es …

Wir werden die Erde verstehen lernen müssen, im eigentlichen Sinne erkennen müssen, um sie heilen zu können. Natürlich schon jetzt, aber auch als Zukunftsaufgabe.

Mit dem Spatzen in der Hand können wir anfangen. Bei uns. Immer nur bei uns selbst setzt das Neue an. Dann wird es keine Last, kein Gewicht, sondern federleicht.

Auch ein Geheimnis: Im Du wird das Tragen, das Ertragen des Ungeheuerlichen leichter.

Meine Angst ist letztlich Angst vor dem Alleinsein – und damit vor dem Erstarren, vor dem Tod.

Warum ist meine prinzipiell ja vorhandene Lebensbejahung noch immer so stark an die Vorstellung eines funktionierenden Körpers gebunden?

Was hieße es für mich, dauerhaft mit beeinträchtigtem Körper zu leben? Kann der Geist in einem gelähmten, starren Körper leben? Wie viel Körper braucht der Mensch, brauche ich, um leben zu können? Wie gelingt es, den Verzicht souverän zu leisten und durch das Streben zur Ruhe zu kommen? Aus dem Körper allein kann ich nicht leben. Das würde letztlich in den Stillstand führen, denn Geist ist immer auch Bewegung.

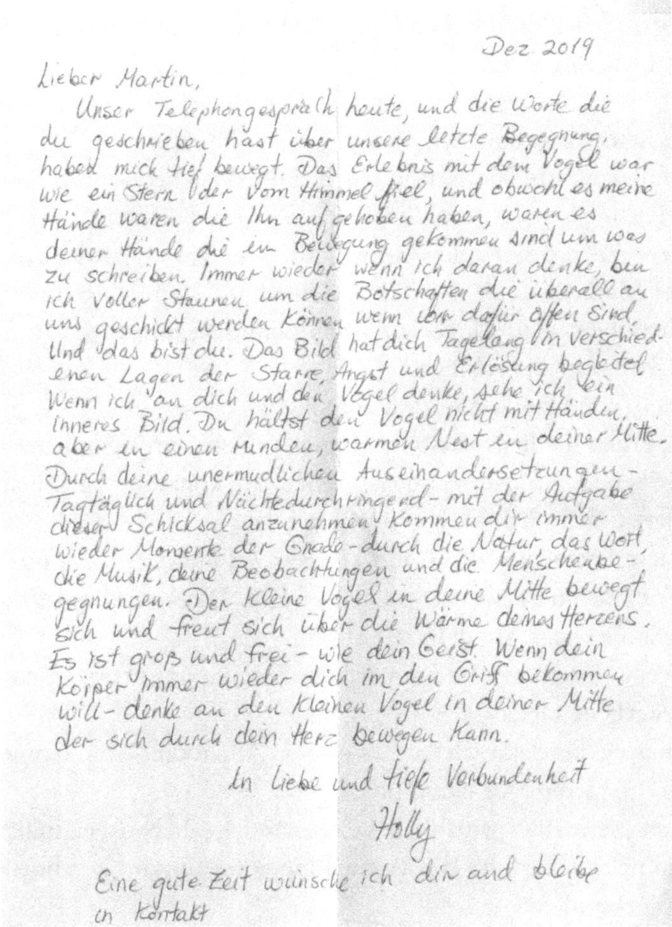
Dez 2019

Lieber Martin,

Unser Telephongespräch heute, und die Worte die du geschrieben hast über unsere letzte Begegnung, haben mich tief bewegt. Das Erlebnis mit dem Vogel war wie ein Stern der vom Himmel fiel, und obwohl es meine Hände waren die ihn aufgehoben haben, waren es deiner Hände die in Bewegung gekommen sind um was zu schreiben. Immer wieder wenn ich daran denke, bin ich voller Staunen um die Botschaften die überall an uns geschickt werden können wenn wir dafür offen sind. Und das bist du. Das Bild hat dich Tagelang in verschiedenen Lagen der Starre, Angst und Erlösung begleitet. Wenn ich an dich und den Vogel denke, sehe ich ein inneres Bild. Du hältst den Vogel nicht mit Händen, aber in einen runden, warmen Nest in deiner Mitte. Durch deine unermüdlichen Auseinandersetzungen – Tagtäglich und Nächtedurchringend – mit der Aufgabe dieses Schicksal anzunehmen, kommen dir immer wieder Momente der Gnade – durch die Natur, das Wort, die Musik, deine Beobachtungen und die Menschenbegegnungen. Der kleine Vogel in deine Mitte bewegt sich und freut sich über die Wärme deines Herzens. Es ist groß und frei – wie dein Geist. Wenn dein Körper immer wieder dich im den Griff bekommen will – denke an den kleinen Vogel in deiner Mitte der sich durch dein Herz bewegen kann.

In Liebe und tiefe Verbundenheit

Holly

Eine gute Zeit wünsche ich dir and bleibe in Kontakt

Weckruf der Botschafter

Merlin K. war ein Schüler der ersten Generation unserer Schule, die noch jung an Jahren und dementsprechend im Aufbau begriffen war, ein Aufbau, der nur möglich wurde durch den unermüdlichen Baustelleneinsatz der Eltern und Kollegen. Das physische Wachsen der Schule war so gewährleistet. In Arbeitskreisen entwickelten Eltern und Lehrer zugleich die innere Struktur der Schule. Ich weiß nicht, was ich damals spannender finden sollte, man fand mich aber häufiger im Arbeitskreis an als am Zement.

Alltäglich besondere Momente

Merlin war ein höflicher Schüler, begabt, aber er rang auch stets mit der Form und der pünktlichen Erledigung individueller Aufgaben. Da franzte er an den Rändern aus, verlor den Halt und die Orientierung. Die Sirenen der Sucht sangen ihm ihre Lieder, und er rutschte aus unserem Gesichtsfeld. Bis ich eines Tages eine Checkkarte zugesteckt bekam. *Den müsse ich doch kennen.* Es war seine Karte, und Merlin wohnte unterhalb der Schule in einem Obdachlosenheim. Ich machte mich auf den Weg und traf in seinem Zimmer auf eine Welt der Verwahrlosung, die mich wie ein Schlag traf. So viel Dreck in und zwischen der überbordenden Unordnung! Ich wusste nicht, wo ich mich hinsetzen sollte. Wir sprachen miteinander, und ich spürte bei jedem Wort, dass es ihm schwerfiel, sich so zeigen zu müssen. So hielt ich auch von meiner Seite das Gespräch kurz und floh das Zimmer. Raus! Luftholen!

Was war das eben? Was ergriff mich so intensiv? »Er wollte dir letztlich zeigen, wenn auch sicher unbewusst, wohin man kommt, wenn man der Sucht verfallen ist.« So lautete später die Antwort einer Kollegin nach der Bedeutung des Zusammentreffens. Am Ende steht die völlige Auflösung, und das hatte mir Angst und Sorge in die Seele getrieben. Wie konnte es Merlin so existentiell, radikal treffen?

Gabriel C. suchte gelegentlich das Gespräch, kam dann, wenn die Zeit reif war. Er beendete am frühen Abend eines unserer ersten Gespräche mit den Worten: »Wir beide müssen in die Füße kommen! Du und ich!«

Katharina P. hielt einen engen Kontakt aufrecht. Gestern formulierte sie verzweifelt am Telefon, dass das I-Phone sie fresse, ihre Seele haben wolle, und daraus habe sie nun die Konsequenz gezogen und das Handy der Mutter gegeben. »Mein Körper ist beschädigt, jetzt auch noch die Seele! Lieber keins und ich schreibe Gedichte oder lese Wertvolles!«

Wie treffend ihre Beobachtung. Und wie konsequent im Handeln sie auftritt! Da nehme ich mir gerne ein Beispiel an dem Schülerverhalten. Wer lernt hier von wem?

Benedikt O. bringt immer eine warme Grundfarbe in unser Gespräch. Über seine Kaffeetasse hinweg leuchtet mich ein freundliches Gelb-Orange an. Es erinnert an eine Späte Nachmittagssonne. Benne öffnet durch seine Warmherzigkeit Seelenräume. Mit Geduld, Verständnis und einer feinen Einfühlung. Das macht Mut …

Iris K.: Im Sommer 2020 bekomme ich Post aus Düsseldorf. Ich horche auf: Ein umfangreicher Brief aus der Landeshauptstadt meiner Heimat will mich erreichen. Wer schreibt mir da? Es sind liebenswerte Zeilen von Iris, sie sendet mir ihre Hausaufgaben, die sie mir vor 26 Jahren hätte abgeben sollen. Nun gut, ich will mal nicht kleinlich sein, nehme sie innerlich an und lese. Es ist ein Kreativtext zu dem personifizierten Klosterschüler, dem eine zentrale Rolle im Roman *Sansibar oder der letzte Grund* von Alfred Andersch zukommt. Horch! Was hat sie nach 26 Jahren zu sagen? Alles klingt poetisch und reflektiert, der Figur angemessen. Und da ist ja noch etwas: Hinter dem umfangreichen Hausaufgabenbrief kommt ein Buch zum Vorschein, es ist ihr letzter Roman. Welch schöne Überraschung! Ich bin sprachlos.

Was möchte diese Post mir sagen? Versuch der Reflexion und Einordnung meinerseits …

All das, all diese Begegnungen und Wiederaufnahmen alter Verbindungen wollen, können Weckrufe sein. Höre die Botschaft, erkenne sie, denn die Worte wollen gehört werden.

Menschengeflecht! Von hier aus betrachtet gilt: Keiner ist allein.

Die Filderklinik – Ort des Heilens

Beobachtungen aus der Perspektive der Station 1.1

Eine noch dunkle, kühle Frühe liegt über dem Land, der Tag will anbrechen und kämpft mit den letzten Gestalten der Nacht. Licht und eine zarte Wärme möchten das Feld erobern und dem Tag den Weg bereiten, auf dass er sich entfalten mag. Das Pferd findet im strengen Galopp seinen Lauf, jeder Muskel des kraftvollen Tieres spiegelt den entschlossenen Willen seines Reiters. Niemand Geringerer als Gawan sitzt oben auf, Ritter der Artusrunde, und reitet seiner Aufgabe entgegen. Es ist eine Erlösungstat, denn das eindringliche Bild der verzauberten höfischen Damen in den Fenstern der Burg Schastelmarveile haben sich tief in seine Seele gebrannt. In Schönheit erstarrt, bewegungslos und lebensfern deuchten sie ihm, und für einen Moment sprach das Mitleid in ihm. So berührt, ließ er sein Vorhaben fallen, stellte die richtigen Fragen und machte sich des Morgens auf den Weg. Noch weiß er nicht, welche Aufgaben auf ihn warten, es wird, so ahnt es der edle Ritter, um Leben und Tod gehen.

Ja, so geschieht es dann auch. Das rasende Bett und der Kampf mit dem übermächtigen Löwen. Als dieser zum Sprung auf Gawan ansetzt, um ihn zu zerreißen, sticht der Artusritter zu und tötet das Tier, unter dem er zu liegen kommt.

Die Ruhe nach des Kampfes Lärm nehmen die höfischen Damen wohl wahr, und sie stellen sich die bange Frage, ob der Ritter diesen Kampf überlebt habe, hängt doch auch ihre Erlösung davon ab. Als sie den schweren Atem des Helden hören, eilen sie sofort herbei, um mit kostbaren Arzneien das Leben zu erhalten.

Diese Szene in Wolframs *Parzival* war und ist für mich ein Grundbild für das Heilen. Dem Heilen geht immer ein Versehrt-Werden voraus, und nur durch die Hilfe anderer findet der Held ins Leben zurück. Erlösung findet in der Beziehung für den Ritter statt.

Man betritt die Filderklinik über ihren Haupteingang und den Empfangsraum, der einladend gestaltet ist. Großzügig angelegt, Pflanzen, Sitzgelegenheiten in Leder und passende Bodenplatten signalisieren einen Hauch von großer Welt, wie wir sie aus öffentlichen Verkehrsräumen der gehobenen Art gewohnt sind. Auf dem Rondell vor dem Haupteingang draußen blühen Anfang Dezember noch rote Rosen als kreisrundes Kuppelfeld und geben ein besonderes Zeichen für den Ankommenden. Rosen, Dornen und Blüte.

Ich frage den Gärtner: »Wie machen Sie das?«

Er hält einen Moment inne und antwortet dann, dass er jede einzelne Pflanze zu schneiden und zu düngen habe. Ein zufriedenes Lächeln geht über sein Gesicht. Er hat es damit trefflich formuliert. Beziehung zu seinen Pflanzen. Das leuchtet in seinen Augen auf. Hinter der Rezeption gabelt sich der Hauptgang des Hauses, was durch eine Holzplastik als Geste aufgegriffen wird, damit es hier auch der Letzte noch versteht: Der Weg teilt sich. Links gelangt man zur Station 1.1, rechts führt der Weg zum Tor der Welt, zur Entbindung. Das erklärt auch meine Beobachtung, die ich in den ersten Tagen mache. Diesen Gang kommen auffallend viele vereinzelte Männer – nach innen glücklich lächelnd – den Gang entlang. Selten in der Klinik ballt sich das sichtbare Glück so auffallend wie hier.

Junge Väter eben ...

Für mögliche Komplikationen ist man gerüstet und hat Erfahrung. Als ich Jan, dem für Frühgeburten zuständigen Arzt, von den Schwierigkeiten unseres ersten Enkelkindes nach der frühen Geburt erzähle – die ersten Tage und Wochen waren für die frühgeborene Lea ein Schwanken zwischen Leben und Tod –, fragt Jan, ob Mädchen oder Junge? Ich spreche von unserer Enkeltochter, und da unterbricht er mich schon und fügt hinzu, ich bräuchte mir keine Sorgen machen, es ist ein Mädchen, die kommt durch! Richtig, noch im Laufe dieser Woche, da ich die Zeilen schreibe, soll Lea mit ihrer Mutter nach Hause dürfen, was Jonas, der ältester Sohn der Familie, kaum noch erwarten kann. Die Frequenz der Fotos, die uns über die Handyschnur erreichen – auch eine Art Lebensader –, nimmt deutlich zu.

Ich aber habe den linken Weg an dieser wichtigen Gabelung zu nehmen, dem Herzen nahe, und komme so zu der Psychosomatischen Station.

Mein Einzelzimmer ist angenehm gestaltet, ein richtiger Rückzugsort. Ele hat Sternenbilder in Rot- und Gelbtönen für mich gemalt, später kommt ein Nachtstern dazu. Die Gesprächstherapie arbeitet in den Einzelstunden auf einem hohen Niveau, die Erkenntnisse werden aus Bildern des Patienten geschöpft, die im Gespräch behutsam entwickelt werden. Das Herzstück der Arbeit überzeugt mich von Beginn an. Und dann klopft beinahe täglich die Frau mit dem großen Leierkasten an meine Türe. Sie tritt in das Zimmer ein, und schon beginnt mit dem ersten Schritt ihre Wahrnehmung am Patienten mit dem Ziel, sich ein aktuelles Bild zu machen. Kommunikation ohne Sprache – und dennoch ist sie ganz Ohr, lauscht und erfasst.

Ihr Gesang und die Klänge der Leier berühren mich sehr tief, jedes Mal von Neuem. Die Gesangsübungen haben zum Ziel, mich aus der Angstsituation zu führen. Es ist bemerkenswert, wie einzelne Konsonanten und Vokale, als schlichte Übung gesungen, mich von oben und ergreifen und schrittweise lockern, sodass immer, und sei die Situation noch so verfahren, eine spürbare Veränderung zum Besseren hin eintritt. Musik und Gesang haben Lichtqualität, bewirken eine Verlebendigung und in diesem Sinne ein Wachsen. Das Geschilderte geschieht immer nur in kleinen Schritten. Der angstverklebte Innenraum meiner Seele beginnt sich wieder zu bewegen und zu weiten. Ein Vorgang, den ich selbst dann auch unterstützen kann. Orpheus heute.

Das Stehen auf den eigenen zwei Beinen und das Gehen sind zentrale Tätigkeiten des Menschen. Kein Lebewesen der Erde kommt so in die Aufrechte wie der Mensch. Es sind Grundgesten des Menschseins.

Sind meine Beine blockiert, so geht das einher mit dem Schmerzgefühl von Druck und Strom. Oft sind sie durch Anpressen fest mit dem Boden verbunden, sodass sie sich nicht bewegen lassen.

Was kann Abhilfe schaffen? Zum einem das Warten, bis der Schmerz nachlässt. Aushalten und Tragen der körperlichen Verfasstheit. Ein zweiter Weg ist der Versuch, in einen Dialog mit den Beinen zu kommen. Ich bemühe mich dann, unser Kräfteverhältnis zu erfassen. Ich prüfe, ob ich die Möglichkeit habe, kleinste Bewegungen der Zehen, des Fußes oder gar des ganzen Beines auszuführen. Damit beginnt der Prozess des Miteinanders wie eine Tanzfigur zusammen mit der Angst und ihrem körperlichen Ausdruck. Dazu gehören das Lauschen, Hinhören oder das Sich-Bewegen in der oben beschriebenen Form. Ferner sind noch das Tragen und Aushalten der durch die Angst verursachten Schmerzen zu nennen.

Die Therapeuten blicken auf eine eigene, gesättigte Lebenserfahrung zurück, der sie auch in den Gesprächen Raum geben. Weil sie wissen, dass dieser Austausch mit den Patienten so wichtig wie die Medizin selbst ist.

Das Gehen ernährt sich auch von der Musik oder von den Sprüchen, die wie ein Goldschatz angelegt und gehütet werden.

Zu oft muss der Parkinsonpatient etwas wollen, um dann festzustellen, dass es eben nicht zu machen ist. Der Austausch über diese oder andere Erfahrungen in einem formlosen und vertrauten Gespräch erleichtert die Seele wesentlich. Um mich selbst zu verstehen, ist die Frage berechtigt: Was machen derartige Erfahrungen mit mir? Wo geht mein Wollen hin, wenn ich nicht bis in die Tat komme mit meinem Impuls? Was ist eigentlich der menschliche Wille?

Der Wille tritt in Erscheinung mit der Tat. Ich muss es wollen, um in die Tat zu kommen. Bewusst wollen – und dann auch bewusst tun. Es gibt aber auch ein vor- oder unbewusstes Tun. Parkinson ist im Hinblick auf die Umsetzung des Willens bis in die Tat hinein eine Willenskrankheit. Es gibt Situationen, in denen ich noch so viel wollen kann, die Umsetzung meiner Intentionen erfolgt im ersten Augenblick eben nicht. So sitze ich beispielsweise zu Beginn des Jahres in meinem Arbeitszimmer auf dem Bürostuhl, als meine Frau nach Hause kommt. Wir haben uns eine gute Woche nicht gesehen, meine Vorfreude auf die Begegnung ist entsprechend erblüht. Ich will zu ihr gehen, spüre aber sofort, dass ich blockiert bin. Nun beginnt das, was ich weiter oben Dialog oder Tanz mit den Beinen genannt habe. Ich versuche durch minimale Bewegungen herauszuspüren, wieviel Spielraum ich für meine Intentionen habe.

Mein Ziel ist es ja, im Haus nach unten zu gehen. Dabei mache ich erneut die Erfahrung: Je stärker ich versuche, meine Absichten in die Tat umzusetzen, desto größer wird der Widerstand meiner Füße, bis sie zuletzt vollständig blockiert sind und Schmerzen feuern. Willentlich komme ich also nicht weiter, und das liegt nicht an einem mangelnden Willen – der war ja zur Genüge aufgerufen! –, sondern an dem Defekt bei der Umsetzung. Was ist zu tun?

Ich muss akzeptieren, was ich als Situation nun vorfinde, und im zweiten Schritt gilt es loszulassen. Wirklich loslassen, nicht nur als rhetorische Figur, sondern offen sein für das, was nun kommt.

Zweierlei möchte ich an dieser Stelle gern betonen.

1. Zum einen ist es in meinen Augen für jeden von Parkinson betroffenen Menschen – und ich halte die Formulierung bewusst offen, da ich sowohl an die Patienten selbst wie auch an ihre Angehörigen denke – von der größten Bedeutung, sich von Beginn an mit der Frage zu beschäftigen, das Wesen dieser Krankheit zu erfassen.

2. Zum anderen darf ich und ist es unerlässlich, den Blick immer wieder auf mich selbst zu richten, um zu erkennen, was die Krankheit mit mir macht.
   Dabei sollte es zunächst nur darum gehen, Bilder entstehen zu lassen und keine Wertungen vorzunehmen oder gar zu urteilen. Die Fragen richten sich wieder an alle drei Ebenen: Was macht diese Situation mit meinem Vorstellen und Denken? Was macht sie mit meinem Fühlen und mit meinem Wollen?

Die so geschöpften Bilder werden zu Bildern meiner selbst, was einen Erkenntnisfortschritt bedeutet, der an anderer Stelle hilfreich sein kann.

Dankbar für diese Anregungen einer Physiotherapeutin bekomme ich so Stück für Stück einen Schatz an die Hand, ein Instrumentarium, das ich ausprobieren darf, um weitere Schritte auf dem Weg einer individuellen Entwicklung tun zu können.

Neben der Gesprächstherapie und den Kunsttherapien sind die Gespräche mit den Mitpatienten von besonderer Wichtigkeit. Und doch kommen nicht selten Situationen vor, in denen man sich zunächst überfordert fühlt, dann aber seinen Weg und Standpunkt findet. Was sage ich der Frau, die von Kindesbein an mit der Gewalt ihrer beiden Eltern leben musste und nun selbst eine Tochter bekommt, deren Schrei die eigenen alten Traumata wachruft? Die Folge ist die Ablehnung des eigenen Kindes, und sie betonte diese Bindung stets mit den Worten: »Das ist mein eigen Fleisch und Blut.« In ihrer unermüdlichen Art wird sie die unsägliche Generationenkette durchtrennen können. Ich finde einzelne Worte, die ihre Not für Momente lindern mögen, aber von größter Wichtigkeit bleibt für sie vor allem die abschließende Umarmung.

Die verschiedenen Kunsttherapien ziehen alle an einem Strang: Ob Musik, Malen, Arbeit mit Ton, mit der Sprache oder Heileurythmie als Bewegungstherapie – sie alle können die Eigentätigkeit und die Lebenskräfte anregen, sodass der Patient seine Situation nach und nach begreifen und ergreifen kann. Der Heilvorgang erstreckt sich auf den Körper und auch auf die Seele des Erkrankten.

An einem der Tage gegen Ende meines Aufenthaltes ist ein Termin als Paargespräch angesetzt. Der Lebenspartner wird bewusst hinzugenommen, um das Bild zu erweitern und den Wirkkreis zu vergrößern. Gabriele möchte gern zu ihrer Situation sprechen. Sie bekommt bei unserer gemeinsamen Sitzung als Erste das Wort, so kann sie sich frei und auch im Umfang ihren Wünschen gemäß äußern. Ihre Not wird schnell sichtbar, im Spannungsfeld der Ansprüche von außen und innen droht sie sich zu verlieren. Ele darf loslassen, ohne wegzuwerfen, während ich halten darf, ohne zu klammern in der Beziehung.

Wir beide haben einen Weg zu gehen, jetzt augenblicklich immer wieder auch allein, sodass es hin und wieder auch ein Gehen in Einsamkeiten ist. Zeit der Prüfung für die Seele. Und doch, so der Gedanke des Therapeuten, besteht ein gemeinsames Band in der Beziehung, und diese Liebesbindung wird gestärkt, wenn wir uns immer wieder dem anderen zuwenden. Ein Bild, das den himmlischen Wesenskern, ein höheres Ich des Partners zum Ausdruck bringt. Dieses Bild, das immer wieder erschaffen werden möchte, gilt es zu hüten, gerade in Momenten der Engführung und drohenden Verschattung.

Das erinnert an den weiter oben bereits erwähnten Ritter und seiner Hinwendung zur Frau, die ihm seine Liebe zunächst nicht gewährt und ihm auch keine Gesten der Liebe zukommen lässt, also fern einer Erfüllung ist – all das aber im Zusammenhang mit einem Läuterungsprozess.

Diese Ebene spricht der Therapeut in uns an, und wir sind beide berührt. Ja, diese Gedanken und das Bild der entfernten Nähe, um in der notwendigen Einsamkeit eine neue Zweisamkeit entstehen lassen zu dürfen, auch diese Erkenntnis entsteht in dem Gesprächsraum, den der Arzt treffend gestaltet.

Gawan zeichnet sich zunächst durch eine Erlösungstat aus, der aber noch weitere folgen werden.

Auch uns werden noch Folgetaten abverlangt.

Tagebucheintrag aus der Zeit dieses Gesprächs:

»Ich muss aufpassen, dass ich das Erkannte auch
umsetze und tue, sonst besteht die Gefahr, dass
es als Zug der Begriffe an mir vorbeifährt und ich
nicht zugreife, sondern wieder Zuschauer bleibe.
Es geht ganz streng um die Umsetzung!«

Nach sechs Wochen verlasse ich die Filderklinik.

Das Wochenende zuvor war ich bereits für zwei Tage zu Hause, wo mich zunächst für den ganzen ersten Tag nichts anderes als Baustellenlärm empfing. Die Familie war am Bodensee und unser Nachbar sanierte sein Haus. Bis in die Schächte der Abwasserrohre. Gründlich.

Und wieder: Baustelle allüberall.

Auch diese Schrift.

Woran bauen wir?

Ausklang

Ein Schlussgedanke zum Heilen

Das Buch, das Sie als Leser in den Händen halten, ist der Versuch, die Spuren meines Weges sichtbar zu machen. Einblick zu geben. Spuren, die durch unwegsames, neues Gelände führen, ein Weg, der nur dadurch entsteht, dass ich ihn gehe. Allein. Und doch begleitet und beschützt.

Die Spuren sind Schritte ins Leben und zum Wort hin, zu einem Wort, das das Leben mit sich führt, das uns letztlich ernährt und vom Geistigen kündet. Das ist ein langer Weg, aber das Aufzeigen meiner Spuren möge Sie beflügeln, sich in Situationen der Not, Krankheit oder Krisen auf diesen einsamen und doch erhellten Weg zu machen, sich einzulassen. Denn am Ende dieses Weges – so hoffe ich und fühle es als Gewissheit tief in mir – wird der Tisch reich gedeckt sein. Das kostet Mut, Kraft und zuvor eine Entscheidung, das Leben auch jetzt anzunehmen. Wahrhaftig.

Danken möchte ich den Menschen, die mir helfen, mich in meiner neuen Situation zurechtzufinden, und an dieser Stelle seien auch die bedankt, die mir das Veröffentlichen dieser Schrift ermöglicht haben. Denn Schreiben hilft, und ich hoffe, Lesen auch.

Oft beobachtet und oft getan: Das kleine Kind ist beim Spielen über eine Wurzel oder einen Stein gestolpert, auf den Waldboden gefallen, rappelt sich auf und läuft weinend, die von Schmutz schwarze Hand nach vorne haltend, den Erwachsenen entgegen. Kaum angelangt, zeigt es die leicht verletzte Stelle der Hand, die der Vater oder die Mutter in die ihrige legt und hebt nun an zu singen:

> Heile, heile Segen
> Drei Tage Regen,
> Drei Tage Sonnenschein,
> Wird wieder alles besser sein.

Den kleinen Vers lässt er oder sie zweimal erklingen, dann hat das Kind sich auch schon beruhigt, wendet sich um und nimmt den Faden des Spiels wieder auf, sichtbar gestärkt, weil dabei etwas geleistet. Mit dem Bild wird etwas grundsätzlich sichtbar: Etwas bedarf der Heilung, wenn es aus der übergeordneten Einheit herausgefallen ist. Der Begriff Einheit zielt dabei auch auf ein Ideal, auf einen Wert des Vollkommenen. Das gilt auch für die Biografie des Menschen. Die Existenz des Menschen hebt ja mit dem Schöpfungsakt der Bibel im Paradies an. Durch eine Fehlleistung, die aber nicht nur den so genannten Sündenfall des Menschen bedeutete, sondern ihm auch die Erkenntnis als Möglichkeit gab, sah er, was er zuvor nicht sah. Mit dieser wachsenden Form des Bewusstseins fällt er aus der Vollkommenheit heraus, stellt sich der Welt gegenüber und findet sich in einer existenziellen Situation vor, die der Heilung bedarf, um den Zustand der Vollkommenheit neu zu erreichen.

Wir dürfen gewiss sein: Über der Schöpfung steht der Gottessegen. »Heile, heile Segen.« Über ihr stehen ferner die Notwendigkeit des Gewaschen-Werdens und des geschenkten Lichts für die dunklen Stunden. Es braucht die Schöpfung auch ihre Zeit, ihre drei Tage, damit Besserung eintreten kann. Ist der Mensch damit zurück auf dem Weg zu seinem Paradies?

Vielleicht. Aber wenn er dort ankommt, bringt er etwas aus seiner Zeit des Gefallen-Seins mit: Schmerz- und Leiderfahrungen,

Erkenntnis. Und die Liebe, die er braucht, um sich in Freiheit in diese neue Einheit zu stellen.

Die Krankheitssymptome werden den Parkinsonpatienten ein Leben lang begleiten – und damit vielleicht auch die Möglichkeit, am Heil des Menschen zu arbeiten.

Darauf baut auch die Hoffnung, die wir nie verlieren dürfen. Und in seltenen Momenten leuchtet dann diese Dankbarkeit gegenüber dem Schicksal auf, weil wir das Heil ahnen. Berührt werden. Rudolf Steiner spricht in seinem Vortrag am 22. Dezember 1918 von den gesundenden Gedanken, die eine heilende Wirkung auf den Menschen haben werden, weil sie aus der Harmonie des Kosmos kommen.

Ich lehne mich zurück und lasse das Geschriebene nachklingen. Zukunft des Menschen. Gibt es Wegweiser?

Auf dem Schreibtisch liegt vor mir liegt noch einmal ein Buch zu einer Ausstellung im Museum zu Basel. Die Fondation Beyeler zeigt Bilder von Edward Hopper. Es ist der Maler, dem es wichtig war, das Licht in Raum und Architektur zu zeigen. Verschiedene Lichtqualitäten. Und dann dieser sehnsuchtsvolle Blick der Menschen, gerichtet an den Horizont oder nach innen. Was erwarten sie von dem Raum vor ihnen? Dann der geführte Blick des Betrachters des Bildes, der auch aus dem Haus heraus an den Horizont gelenkt wird. So werden wir selbst zu Hoppers Figuren.[34]

Welche Fragen klingen jetzt in uns auf?

Bücher werden auch geschrieben, um sie als Ausgangspunkt zu nehmen, eigene Erfahrungen abzugleichen und weiterzudenken.

Dazu möchte ich anregen.

Die Aufgaben und Möglichkeiten sind allgegenwärtig. Wir haben es in der Hand.

---

34 vgl. dazu Hopper, Cape Cod Morning (1950)/Stairway (1949)/Rooms by the Sea (1951)/New York Movie (1939) und High Noon (1949).

Verwendete und weiterführende Literatur

Abbott, Edwin A., *Flächenland*. Götz-Verlag, Laxenburg 1999.

Bodrozić, Marica, *Das Wasser unserer Träume*. Luchterhand, München 2016.

dies., *Das Auge hinter dem Auge. Betrachtungen*. Otto Müller Verlag, Salzburg-Wien 2015.

Borchert, Wolfgang, »Ching Ling, die Fliege«, in: Ledig-Rowohlt, Maria (Hrsg.), *Humor des 20. Jahrhunderts*. Rowohlt, Hamburg 1984.

Celan, Paul, »Sprich auch du«, in: *Ausgewählte Gedichte. Zwei Reden*. Suhrkamp, Frankfurt a.M. 1990.

Dürr, Hans-Peter, *Geist, Kosmos und Physik. Gedanken über die Einheit des Lebens*. Amerang 2016.

ders., (Hrsg.), *Physik und Transzendenz*, [2]2012, S. 53.

Eichendorff, Joseph von, »Wünschelrute«, in: Hans Peter Brode (Hrsg.), *Deutsche Lyrik. Eine Anthologie*. Suhrkamp, Frankfurt a.M. 1990.

Goethe, Johann Wolfgang v., *Faust I*. C.H. Beck München 1989.

Herder, Gottfried, *Ideen zur Philosophie der Geschichte der Menschheit*. Fourier Verlag, Wiesbaden 1985.

Holtmann, Matthias, *Porsche, Pop und Parkinson*. Klöpfer & Meyer, Tübingen 2014.

Hölderlin, Friedrich, »Pathmos«, in: Einhundert Gedichte, E.D. Sattler (Hrsg.), Sammlung Luchterhand, Frankfurt a.M., S. 118.

Kinder- und Hausmärchen gesammelt durch die Gebrüder Grimm, Bd. 1, »Hänsel und Gretel«. Insel, Frankfurt a.M. 1984.

Lusseyran, Jaques, *Gegen die Verschmutzung des Ich*. Freies Geistesleben, Stuttgart 1987.

Messner, Reinhold, *Wild oder Der letzte Trip auf Erden*. Frankfurt a.M., 2017.

Mette, Jürgen, *Alles außer Mikado*. Gerth Medien, Asslar 2013.

Das Neue Testament, übersetzt von Emil Bock, Johannes-Evangelium, 5,1ff.

Novalis, »Wenn nicht mehr Zahlen und Figuren«, in: H. Uerlings (Hrsg.), Gedichte und Prosa, Artemis und Winkler Düsseldorf 2001, S. 356 ff.

Rapp, Dorothea, »Kann Wahrheit schön sein – oder: Muss Schönheit wahr sein? Nachdenken über Kunst«, in: J.C. Lin (Hrsg.), *Wirken im Zeichen von Kunst, Wissenschaft und Religion*. Freies Geistesleben, Stuttgart 1999, S. 15ff.

Remen, Rahel, *Naomi, Aus Liebe zum Leben*. Krugzell [5]2013, S. 251.

Ringelnatz, Joachim, *Zupf dir ein Wölkchen. Gedichte*. Hrsg. von G. Stolzenberger. dtv, München 2012.

Roth, Patrick, *Ins Tal der Schatten. Frankfurter Poetikvorlesung*. Suhrkamp. Frankfurt a.M. 2002.

Steiner, Rudolf, *Der Christus-Impuls und die Entwicklung des Ich-Bewusstseins* (GA 116). Rudolf Steiner Verlag, Dornach 1984.

Stifter, Adalbert, *Die bunten Steine*. Winkler-Verlag, München 2001.

Treichler, Markus, *Die Botschaft des Schmerzes*. Info 3-Verlag, Frankfurt a.M 2017.

Wiesenthal, Simon, *Die Sonnenblume, Ein Erzählung von Schuld und Vergebung*. Europa Verlag, Berlin 2015.

Winkler Vonmetz, Marie-Luise, *An meinen Parki.* Edition Raetia, Bozen 2003.
Wolfram von Eschenbach, *Parzival.* In Prosa übertragen von W. Stapel. Langen Müller, München 1981.

Martin Klawitter wurde 1961 in Essen geboren und besuchte in Bochum die »Waldorfschule Ruhrgebiet«, wo schon früh der Wunsch entstand, selbst Waldorflehrer zu werden. Er studierte Germanistik und Geschichte in München und schloss nach der Referendarzeit die Ausbildung zum Waldorflehrer in Stuttgart an. Als Gastdozent für das Fach Deutsch in der Oberstufe ließ er hier den Kontakt zur Lehrerausbildung nicht abbrechen. Martin Klawitter unterrichtete bis 2016 an der Waldorfschule Gutenhalde, bis seine Parkinsonerkrankung es nicht länger zuließ. Er lebt in Filderstadt bei Stuttgart.